"读懂青年"系列

书信里的青年
大学生与"猫头鹰老师"的书信对谈

李 博 著

同济大学出版社·上海

同舟共济 加油努力

序言：读懂青年，关爱青年

在处于百年未有之大变局的时代，教育的使命不仅是传授知识，更是培养具备独立思考能力、社会责任感和全球视野的新时代公民。作为长期在同济大学工作的一名老师，我有幸见证了无数年轻学子的成长与蜕变，他们在求知的道路上不断探索、追求梦想，并通过与师长的互动和交流获得了宝贵的智慧和力量。这本《书信里的青年——大学生与"猫头鹰老师"的书信对谈》正是这样一种智慧的结晶和记录。

书信是一种古老而又深情的交流方式。在快速发展的现代社会，书信交流显得尤为珍贵。它不仅是信息的传递，更是心灵的交流和思想的碰撞。本书通过大学生与"猫头鹰老师"之间的书信往来，呈现了他们在求学过程中的困惑、思考和成长，同时也展示了老师们以智慧和经验为学生指引方向的过程。

在这本书中，每一封信都承载着大学生们对未来的迷茫与憧憬，对梦想的追求与坚持。他们的问题既涉及学业、职业规划，也涵盖了生活中的种种困惑和挑战。这些信件真实地反映了当代大学生在成长过程中所面临的复杂现实和内心的挣扎。而"猫头鹰老师"则以真诚的态度、丰富的学识，耐心解答学生们的问题，帮助他们在迷茫中找到方向，在困境中看到希望。

教育的本质不仅在于知识的传授，更在于心灵的启迪和人格的培养。教师不仅是知识的传播者，更是学生成长道路上的引路人和心灵导师。在本书中，"猫头鹰老师"正是这样一位引领者和启迪者。他以真诚和智慧，与学生们进行深入的交流和对话，帮助他们在学习和生活中找到内在的力量和方向。书中所展现的师生关系，既是知识的传递，也是心灵的交融。这种深厚的师生情谊，不仅在学术上给予学生支持，更在精神上给予他们慰藉和鼓舞。在这个快速变化的时代，大学生们面临着前所未有的压力和挑战，而这种来自师长的关怀和指导，将成为他们成长道路上的重要支撑和力量源泉。

此外，本书还向我们展示了教育的另一种可能性——通过深度的对话和交流，激发学生们的自主学习和独立思考能力。"猫头鹰老师"在回应学生的问题时，并不是简单地给出答案，而是通过启发式的引导，帮助学生们找到问题的根源，思考解决问题的方法。这种教育方式，不仅能够提升学生的学术能力，更能培养他们的批判性思维和创新能力，使他们在未来的道路上更加自信和从容。

《书信里的青年——大学生与"猫头鹰老师"的书信对谈》不仅是一本关于师生对话的书，更是一本关于成长和探索的书。它记录了大学生们在求学路上的点滴思考和成长轨迹，也展现了教师们无私的爱与智慧。我相信，这本书不仅能为当代大学生提供宝贵的借鉴和启示，也能为广大教育工作者提供有益的思考和参考。

最后，我想特别说明，本书作者李博是一位青年教师，他肩负时代的责任，以信为舟，助学子渡成长之海，用爱书写育人华章。他用书信搭建与学生心灵的沟通桥梁，以笔墨传递智慧关爱，用睿智见解帮助学生梳理情绪，学会自洽，在回信中，字字珠玑，句句走心。他真诚、质朴、宽厚的品质引领和帮助许多青年树立正确的价值观，同时也赢得广大老同志的高度认可。另外，我想对所有在教育岗位上默默奉献的教师们致以崇高的敬意。正是你们的无私奉献和辛勤耕耘，才成就了无数年轻学子的梦想和未来。也希望所有正在求学道路上的年轻人，能够珍惜这段宝贵的时光，勇敢追求梦想，不断挑战自我，成为更加优秀的自己。

金正基

同济大学关工委常务副主任，同济大学原副校长

2025 年 1 月于同济大学

前言：密涅瓦的猫头鹰在黄昏起飞

习近平总书记强调，国家的希望在青年，民族的未来在青年。在这个信息化、快节奏的时代，青年大学生们面临着前所未有的挑战与压力，学业负担、生涯规划、情感婚恋、思想困惑、人际关系等各个方面的问题在他们的生活中交织出现，成为他们成长过程中的一道道难题。只有理解青年们的所思所想，了解他们的困惑与期盼，才能更好地引导他们走向光明的未来。

作为一名教育工作者，我深知每一位青年大学生都有着丰盈而复杂的内心世界，他们渴望被理解、被引导、被鼓励。在2022年初春的时候，我开办了一个"辅导员咨询角"，每天傍晚五点到七点，同学们可以来我办公室聊天。为了让这个咨询角更有特色，我给它取了一个名字："猫头鹰咨询角"。就像"密涅瓦的猫头鹰在黄昏时分起飞"，我的咨询角也是在黄昏时开始"营业"。我从网上购买了几十个猫头鹰徽章，每位首次来咨询的同学都可以领到一个徽章。他们领取了"猫头鹰"之后，常常会在朋友圈分享，鼓励其他同学也来"领养一只猫头鹰"。春日融融，师生互诉心声，那是一段美好的时光。为了方便和同学们沟通，我后续还开通了一个网络匿名信箱，取名为"猫头鹰信箱"。这个信箱的特点是：对同学们来说，他们可以匿名发信，这为他们的隐私提供了保护，消除了他们写信的顾虑；我则以实名的形式回答，这增强了回复的公信力，让同学们看到我对他们问题的深切关注和诚恳回答。

两年多的时间里，我以"猫头鹰老师"的身份通过书信与同学们进行了一次次深入的交流。时至今日，我已经收到同学们800多封来信。这些来信涵盖了同学们的学业压力、生涯规划迷茫、情感婚恋、日常管理事务、思想困惑、综合素质提升、人际关系等各个方面，我一一仔细阅读并用心回复，尽我所能去解决他们的困惑和困难。这些回复经过微信公众号推送后，也激发了同学们更多的共鸣，他们感到自己并不孤独，有人愿意倾听他们的声音，有人曾遇到过类似的问题，也有人愿意帮助他们解决问题。当然，我也深知一个人的力量有限，为了更好地帮助同学们，我还邀请了学校关工委、心理咨询中心、就业指导中心、马克思主义学院的老师，以及一些校友共同参与回答同学们的问题。

这本书的出版，是我与同学们信件交流的一种延续。我希望通过这本书，能够为更多的同学提供帮助，让他们在遇到困难、困惑时，都能找到一份鼓励、一份启示。这就是我把"书信对谈"编纂为一本书并出版的初衷。我也希望通过这本书，让更多的人看到当代大学生的真实面貌，了解他们的梦想和追求，理解他们的困扰和疑惑。

万里江河，其行程漫长而曲折，经历了无尽的峰回路转，最终却仍能以最坚定的步伐奔流入海。长江的奔流恰如我们的大学之旅，甚至整个人生旅程：沿途固然会遇见困难迷茫，然而"东入海"的方向始终不会改变，光明和希望始终在前方等待着我们。对我而言，能够成为同学们大学航程中的一位同行者，我感到无比的荣幸。希望这本书能为你们带来启发和帮助,同时,也希望你们能把你们的故事、你们的困惑、你们的梦想告诉我。让我们一起,面对生活的挑战,奔向那片光明的海洋。

猫头鹰老师:李博

2025 年 1 月于同济大学

目 录

1 新生适应与人际关系

003 致我们亲爱的"学霸小木头人"

007 还没有离开家就因为想家而破防了,怎么办?

011 大学活动多、班群消息多,专注力差怎么办?

015 老师和学生应该像朋友一样相处吗?

018 茶不思饭不想,舍不得与老友分开,怎么办?

021 想申请助学贷款,父母不太同意该怎么办?

024 感觉自己和同龄人相比不够成熟,有些社恐……

027 在高中养成不玩手机的习惯,到了大学却屡遭批评

030 想家!"小水手"以深夜哭鼻子开启灿烂大学生活

034 接到录取通知书后就沉迷爽文爽剧,还充了几百块钱!

038 其实我只是被骗了几百块钱,为什么会这么沮丧?

041 饭搭子还是朋友?在大学重新思考成年人的友谊

044 室友恋爱深夜聊天影响休息,该怎么办?

047 室友常模仿甚至复制我的生活,很烦恼怎么办?

051 新生如何突破"内卷",像悟空那样快速为自己赋能?

2 学术研究与学习探索

059 去探索物理之美,还是去追求博洛尼亚的浪漫?

062 如何在大学课堂上做好公开的展示和汇报?

065 如何实现从"躺平"到适度"卷"的转换?

068 这不是"临时抱佛脚",这叫"迅速学习"!

071 送给考试周破防的"补天小王子"们

074 感觉自己在全方位退步?那就从做好三件事开始!

080 上学期挂了三门,学习还能跟上吗?影响考研吗?

083 同学靠发"水刊"拿到最高奖学金,而我落选了……

085 送给走在岔路口的选修课小战士

088 小组作业后倍感心累,该如何面对后续团队协作?

092 德语考 89 分得良就比考 90 分得优的同学差吗?

096 精益求精的作业仅得良,要如何维系我的爱与热情?

3 生涯规划与个人发展

103 刚读大一就感觉自己选错了专业怎么办?

106 给一位夜不能寐"济勤仔"的回信

112　人文大类新生的小迷茫：如何面对专业分流

116　想入伍圆军旅梦又怕退伍后学业跟不上……

119　考进新闻学专业，佛系内向的我如何应对未来？

122　跨专业考研，如何平衡考研复习和专业学习？

125　学习成绩够保研但我想跨考人工智能，有什么建议？

128　拿到两个深造 offer，哪一个才是适合我的？

131　给性格内向对求职充满忐忑的研究生回信

133　有志于学术，但听闻学术圈"大佬当道、青椒挣扎"……

137　如果专业与以后工作无关，那读大学的意义是什么？

140　建筑系学生感觉前途迷茫，怎么办？

143　选错专业的我，好羡慕别人顺利的人生

147　推免联系杰青教授，说可以把我推荐给课题组助理教授，去吗？

150　送一本充满蓬勃生命力的书给即将找工作的同学

153　我想成为一名辅导员，请问有什么建议吗？

4　心理健康与心境调适

159　挂科、迷茫、共情疲劳，如何快速走出困境？

162　发现自己在"摆烂"，怎么找回那个眼里有光的自己？

165　同济求学七八年没得过奖学金，感觉自己挺失败

169　考上同济，仍然比不上父母眼里别人家的孩子，委屈

172　保持努力！但不能深陷"努力的陷阱"

176　如果我不再优秀，会像开败的郁金香不再被爱吗？

181　那个因考 89 分被轮番批评的小孩，已经长大！

184 大学生，真是卷又卷不动、躺也躺不平啊！

188 保研边缘人，大三下学期如何从焦虑中自救？

191 学业社交焦虑，时常落寞、失眠、掉眼泪，还有救吗？

194 父亲从高管到失业，我也陷入内疚焦虑，怎么办？

197 毕业五年感觉孤独，却对恋爱、交友都失去兴趣……

201 内向是一份礼物，享受做一个"i人"！

5 社会实践与习惯养成

207 犹豫了一下错过班委选举，现在又心生羡慕怎么办？

209 大学生寒假还要带"劳动作业"回家，是形式主义吗？

212 理科生应如何提升人文素养？

217 追剧导致做其他事"魂不守舍"怎么办？

220 本科期间有什么在课外提升自我的事情吗？

223 月华樱梦，别忘记拥抱我们的诗意时光

227 大学生提前放假回家，寒假能做点什么？

230 寝室周末上午11点不开灯，起床也不知该干什么

234 家境富裕轻度躺平，如何让大学时光更有意义？

237 最近一直打游戏，根本控制不住自己

239 推优失败了，你仍是自省、有志、不甘平庸的大好青年！

242 已经大四了，却对自己的知识和技能没信心怎么办？

245 参与志愿服务带入个人利益诉求，是否与公益初心相违背？

250 大一新手班长，如何提升班级凝聚力和学习氛围？

254 大家都有热爱的东西，如何找到自己的热爱并从中汲取力量？

6 情感迷茫与感情支撑

259 暗恋一个女孩一百多天,愈发意难平,怎么办?

263 好朋友为情所伤,该怎么安慰她?

265 大一要不要谈恋爱?

267 原生家庭让我决定以后不考虑结婚生子

269 家长每次都说只是建议,做不做由你,可我的感觉是……

272 她说无法和我发展出超越朋友的感情,我该怎么办?

275 还没脱过单,好焦虑啊

278 男友找借口不愿打视频,我一气之下提了分手……

281 我是少数民族,父母希望我回出生地和同民族结婚生子

285 爸爸一个家,妈妈一个家,而我春节不想回家

7 自我认知与个人成长

291 发现身边强者愈强、弱者愈弱,怎么破?

293 感觉自己变成虚无主义,失去了前进动力怎么办?

298 家境不好会不会影响一个人的视野?

301 一个学科会因为解决了所有问题而陷入困境吗?

303 入职二本高校辅导员,忙碌疲惫心力交瘁怎么办?

307 老师,请问学习真正的意义在哪里?

309 软科把同济排到第17,心理极度不平衡,怎么办?

312 给毕业后"蹉跎三年"学生的回信

315 10条鲤鱼只有1条能飞跃龙门,剩下的9条该怎么办?

318 一贫如洗的 24 岁，拔剑四顾心茫然

321 已达保研目标，要不要克服"休息羞耻"放心去玩一下？

325 如何于奔赴的洪流之中守住自己想要的宁静？

335 后记：青春是充满希望的诗篇

1 启航新程，拥抱变化
新生适应与人际关系

致我们亲爱的"学霸小木头人"

来　信

李老师：

　　您好！我是今年考上同济大学智慧建造与低碳环境类专业的学生。知道录取结果的那天，全家兴奋得一晚上都没怎么睡着觉，最近一段时间也在开心地准备开学的东西。但是随着开学的临近，心里却有越来越强的不安感。我也和QQ群里的同学们交流过，觉得大家都非常优秀、多才多艺，我从小在农村长大，觉得自己没有任何才艺和特长。

　　由于乡村学校条件有限，我整个小学阶段都没上过音乐课。之前我报名了学校的"新生骨干营"，可能是由于我的经历太苍白了吧，落选也在预料之中。另外就是由于我性格的原因，像个木头人。老师，您觉得我应该怎么适应大学生活啊，包括现在想起在学校要用普通话交流，我都有点焦虑。

回　信

同学：

　　你好！非常欢迎你的来信。读完你的来信，闪现在我脑子里的第一个词是"祝贺"。首先祝贺你成功考入同济大学智慧建造与低碳环境类专业！不管你是在哪里读的高中，考上同济都可以称得上"学霸"了；来信中你说自己像个木头人，那我就叫你亲爱的"学霸小木头人"吧。第二个祝贺是，升入大学之后你看到了别人在各个领域闪闪发光、看到了自己的不足,这真是一件极好的事,说明你的天空变大了,也说明你正在从原来的舒适区走出来。在这种"跳出舒适区到逐渐适应新环境"的过程中,你会不断成长。如果一切都如鱼得水,则真的要怀疑这个新环境会不会让自己进步太慢了。

你的来信充满了对未来的期待,也伴随着一丝不安,我可以理解这种复杂的情感。我也在农村长大,还记得自己考上同济时,妈妈带自己去买新衣服时的场景。那时候我的心情跟你现在是一样的。首先我要告诉你的是:你已经做得非常好了!过去的十八年当中,你的专注和努力让你走到了今天、走到了上海、来到了同济大学。你在高中时锻炼出的学习能力、逻辑分析能力、对目标的专注力等,都是你所独有的闪光点,这是值得骄傲的。就像一部电影大片,你已经在这部大片里扮演了"学习巨星"的角色,而且演得相当出色。

关于"新生骨干营"的事情,不要因为落选而感到气馁。它只是学校生活的一个开端,你还有无数的机会去参与其他活动、结交更多的朋友,展现你的潜力。

人生不是一场竞速,而是一场马拉松,你会有足够的时间去不断发展自己,成为更好的自己。开学后你可以试着去参加一些社团或者活动,哪怕你对它们一无所知。你可能会发现意想不到的乐趣。兴趣爱好和其他事情一样,需要经济基础的支撑并带有鲜明的时代和地域特色。我们都绕不开我们的家庭和成长环境。也许因为我自己也来自欠发达地区,特长和爱好屈指可数(有一个低成本的爱好是阅读，至于唱跳、乐器啥的一概不会）。现在我人到中年，依然觉得兴趣爱好不多的生活可以让我平和自洽，并可以专注于"核心竞争力"的培养。对你来说，大一阶段的核心竞争力应该还是学业发展，所以多投入一些时间不会错的。关于音乐、美术等特长，我倒是觉得没有那么着急，让你将来在这个世界上有立足之地的，还是靠课堂上培养的专业能力，这才是核心竞争力。可以等你在学业上更加适应后，再发展其他的文体特长。还有就是，不要太过在意别人的眼光，你是自己生活的主角，你的人生电影只需要你自己喜欢就好。

至于性格上的"木头"问题，每个人的性格都各不相同，有的人外向，有的人内敛。"木头人"也有木头人的可爱之处，"木头人"也有木头人的荣耀和担当。正如历史对汉朝大将周勃的评价是"厚重少文"，对明朝元帅汤和的记载是"入闻国论，一语不敢外泄"，好像这两位将军都跟你的性格有点像。想像一下，如果世界上都是一样性格的人，那将会多么乏味。在大学里，你会遇到性格各异的人，也会有许多机会去发现和发展自己的性格优势。

关于用普通话交流的焦虑，不用太担心。大学是个学习和成长的场所，你会逐渐适应的。说实话，很多人在刚开始的时候都会有一些不安，但随着时间的推移，你会发现自己变得越来越自信。你看，你现在就像是在一个庞大的电影库中，有无数的电影等待你去发现。你只需要慢慢去探索，去尝试，去发现自己喜欢的电影。我相信你一定能找到属于你自己的那部电影。

祖国日益昌盛，你也风华正茂。大学生活就像一本开放的书，每一页都有新的故事，每个人都是这本书中不可或缺的一部分。所以，我们的"学霸小木头人"，你只需要保持自我，勇敢地去探索，去体验，去发现你的兴趣。

"千里之行，始于足下"。你的探索旅程，就从这一步开始。期待在同济的校园里见到你，祝愿你迎接充满活力和成长的大学生活！

李博

2023 年 8 月 24 日

还没有离开家就因为想家而破防了,怎么办?

来　信

猫头鹰老师:

您好,我是一名刚刚考入同济的大一新生,想给您分享一段自己的心情。昨天正好是星期天,我们全家去爷爷奶奶家吃饭。再过几天我就要来学校报到,正好趁这个机会和老人聚聚。吃饭的时候全家人都很开心,一边回忆着过去的时光,一边计划着过几天来同济大学报到的行程,还畅想着未来。

吃饭的时候我坐在奶奶身边给奶奶夹菜,爸爸后来提醒我,有的菜奶奶已经咬不动了……我知道人会老,但是忽然意识到奶奶老了的时候,我感到很心酸。其实我也有点自责,长期以来一直以自己为中心,享受着家人的关爱,却很少关心家人。从小我住在厂里,我的爷爷、奶奶、爸爸、妈妈,都在一个厂里工作。有时候爸妈工作忙,我就去爷爷奶奶家吃饭。昨天晚上回到家里,想起奶奶给我的钱、爷爷奶奶家里熟悉的鸡架味道、爷爷的白酒味道,想到后面我可能好几个月回不了家,见不到家里人,情绪有点崩溃,忍不住偷偷哭了一场。

猫头鹰老师,您说我是不是心理太脆弱了(可能前面说情绪崩溃也有点夸张)。您觉得应该怎样排解想家的情绪啊?

回　信

亲爱的新同学：

　　猫头鹰老师在此！非常感谢你分享了你的心情和故事。你的来信我细细读过，文笔细腻、情感真挚，让人印象深刻。你知道吗？像你这样细心、真诚的小哥哥或小姐姐，身上带着宝贵的光芒，因为你懂得用心感受、用真情滋润生命的每一页。我理解你在离家远行前的不安和情感波动，这是一个新的阶段，也是一个适应的过程。听到你的故事，我仿佛看见了自己当年刚踏入大学校园的那份兴奋和不安。就你来信中提到的问题，我尝试从三个层次进行回复。

　　第一个层次的问题，是关于你说的"是不是心理太脆弱"。我倒不认为你"心理太脆弱"，从来信中的表述看，我觉得你对这次突发情绪的处理是"认知真实、纾解健康、求助合理"的。对家人的依恋和思念，是每个人都会有的情感，特别是在重要的生活转折点，情感波动是很正常的。面对未知的大学新环境，"想家"尤其正常。翻一翻中国的古诗词吧，到处都是思乡的语句："乡书何处达？归雁洛阳边。""风一更，雪一更，聒碎乡心梦不成，故园无此声"。你说晚上哭了一场，其实有的时候真的不必太抑制自己的情感，哭一场其实是情绪的释放，这种情感的表达是健康的，可以帮助你减轻压力。从"情绪自救"的角度看，当你意识到自己陷入情绪问题的时候，能够给"猫头鹰信箱"写一封信，说明你懂得求助。将来你在大学生活中遇到了困难，记得也要学会利用外部的力量来帮助自己。此外，你看到爷爷奶奶的衰老感到心酸，不要责怪自己，这并不意味着脆弱、敏感，而是有同理心和孝心。

第二个层次的问题是，如何排解这种思乡情绪。除了在傍晚倚窗而望，感叹人生沧桑外，也可以试试这些方法与家人保持联系：虽然离家，但通信不断，视频通话、电话短信都能把你拉回家的怀抱；尝试拥抱新的社交圈，在校园里，你会遇到许多新朋友，一起聊天、吃饭，也能找到归属感；可以培养新的兴趣爱好，比如参加社团、运动、绘画，让自己的时间充实起来。在同济的每一刻都是难得的珍贵，把握住每个瞬间，就像品尝家乡的鸡架，自有其滋味。你也未必要把思乡情绪全都排解完，因为即使身在异乡你依然是家乡的孩子，每一份思念和牵挂都是一种独特的、奇妙的力量，会在意想不到的时刻给你支撑。

第三个层次的问题"若隐若现"，这个问题是："如何接受亲人慢慢变老的事实"。随着年岁的增长，家里的人也在悄悄地变老，这种感受真的很让人心酸，就像你在奶奶身边夹菜，却发现有些菜她已经咬不动了。作为年龄是你2倍的中年人，我目睹过更多的亲人老去（甚至离开我），也一直在尝试接受亲人会老去、会离去的事实。我意识到，人很难完全接受这种事实，甚至想多了还会觉得恐惧。但这种恐惧，不是我一个人的困惑，千百年来人类都在用医学、营养、哲学、宗教，来对抗这种恐惧。我自己觉得可以用"提升存在质量、提升交往质量"的方式缓解这种忧虑。当你觉得某个人或某些人对你来说比较重要的时候，记得提升和他们交往的质量，包括多和他们分享你的生活，"人生代代无穷已，江月年年望相似"，你在同济的美好生活，是上一辈人精彩生命的延续。另外，同济大学有一门"生命教育"的课程，欢迎你开学后选修这门课，也许这门课程会加深你对"生命"的理解。

马上就开学了，相信你会在同济大学这片新的天地里茁壮成长，收获无限的精彩。你和家人不论离得多远，他们的爱永远贴在你心间。还有，你不是一个人在面对这些情感，我们都在这里支持你。期待看到你在同济大学闪耀的日子，保持笑容和勇气，你会遇见更多美好！

你的猫头鹰伙伴

2023 年 8 月 29 日

大学活动多、班群消息多,专注力差怎么办?

来　信

李老师:

　　您好!想咨询您一个问题。我是一个进入学习状态比较慢,一旦被打断需要很长时间重新进入状态的人。高中的时候我们课外活动很少,基本上每天都在学习。上大学之后,觉得大学里活动很多,自己经常受到干扰。更苦恼的是现在班群里总是有各种各样不断的通知和消息要看,连上自习都会受影响,往往看个消息就会顺带刷会儿手机。自己已经完全找不到高中那种学习状态了,觉得正在逐渐失去专注的能力,好不容易能找回一点这种能力,感觉又会被碎片化信息重新击溃,觉得好迷茫,现在不管做什么都花了无效的时间又做得不好,该怎么办呀?

回　信

同学:

　　你好!欢迎你的来信。其实你提的这个属于"信息过载"问题,真的是一个比较复杂的问题。不过当你意识到这个问题并着手解决它时,说明你正在成长,正在培养自我管理和时间管理的能力。

　　也许真像有人说的:信息在爆炸,手机功能也在爆炸式增长,而人类的专注力则是在退化的。我觉得我也有点专注力缺乏。在家的时候吃一次饭看N次手机,家人会说我一点也不集中精神，甚至因此生气，说我不注重同家人的交流。可有的时候我真的担心不看手机会耽误事。尤其是我担任学堂学生工作负责人时，更怕落下通知。目前，我微信上置顶的群已经超过手机的一个界面了……以前我很喜欢在电脑上码字，喜欢写完几千字的文稿后打印出来写写划划修改的感觉。现在我应付简短的微信还可以，写长篇大论的文章就像受刑一样，时不时要看看手机消解压力……

不过发现了问题总要想办法克服，以下有几点小小的建议，我们共同努力：

第一，创造一个适合自己的学习环境。学习就像做饭，你需要一个适当的厨房才能做出美味的饭菜。找到一个安静、整洁、有启发性的学习环境，让你可以专心学习。这个环境可能是一个安静的房间、图书馆或者是咖啡馆。让你的学习环境成为你的"林间小屋"，让其他的声音和干扰远离你，这样可以帮助你更好地进入学习状态，并减少外界通知和消息的干扰。

第二，设定一个属于你自己的"无手机时间"。如果你觉得手机是个大问题，那就试试设定一个"无手机时间段"。在这个时间段里，把手机放在一个你平时不会放的地方，这样你就能专注于正在做的事情了。在一天的学习或工作时间内，设定一个专门的时间段来处理电子邮件、社交媒体等通知和消息，这样你就能够在其他时间专心于学习。我目前也尝试着在非工作时间专注学习的时候把手机放远一点，开上铃声。

第三，重视"专注力"背后的底层逻辑：学习动机、精力状况、计划制订等。学习的背后是需要"动机"来支撑的,在进入学习状态之前,先思考一下自己的学习目标,这样能帮助你集中注意力,不会被外界的干扰所影响。另外,专注力也是需要良好的精力来支撑的,所以你需要将学习时间和休息时间分配得更加合理。在长时间的学习或活动中间,需要设置放松和休息的时间。这样可以提高你的学习效率,同时避免疲惫。所以,试着制订一个具体的时间表,包括学习、休息和娱乐时间。同时,确保你的时间表是有一定弹性空间的,使其更具可操作性。

第四,尝试一些时髦的"小方法"来提高专注力。有一些关于工作效率提升和好习惯养成的方法,譬如你可以试试番茄工作法来提高你的专注力。每个番茄时间(25分钟)专注于一项任务,然后休息5分钟。这样可以避免你在学习时分心。现在还有一些工具可以帮助你管理时间,如Forest(种树)App,当你想要集中注意力时,可以开始"种树",如果在一定时间内你离开了App,树就会死掉。这个方法很有趣,可以帮助你保持专注。

第五,为自己建立奖励机制。就像健身一样,如果你完成了目标,那就奖励一下自己吧!这可以是个简单的奖励,比如看部电影、吃顿美食或购买一件你想要的物品。这种奖励机制可以激励你更加努力地学习和成长。

让我们互相勉励!不要太苛责自己,不要给自己太大压力和紧迫感,"专注"与"自律"不能一蹴而就,需要循序渐进,慢慢培养。希望我的这些建议能对你有所帮助，让我们一起来打败这只"碎片信息小怪兽"！

李博
2023 年 9 月 21 日

　　同学再次复信

　　感谢老师的回复，那我们一起加油！听到老师也有这样的困扰之后顿时自我压力小了不少，哈哈哈……非常感谢您的回答，让我感受到了很大的鼓舞。

老师和学生应该像朋友一样相处吗？

来　信

老师：

您好！请问您认同师生应该像朋友一样相处吗？请问大学里的师生可以处成朋友吗？

回　信

同学：

你好！非常欢迎你的来信。收到你的信，我脑子里第一反应出的竟然是《论语》中的一个画面："莫春者，春服既成，冠者五六人，童子六七人，浴乎沂，风乎舞雩，咏而归。"这段话里的冠者和童子（一如师生），感觉更像是朋友。其实我也想在一个美丽而轻松的场景里，和学生像朋友一样一起探讨和研究问题、一起追求真理、一起成长。

你提的问题其实很有趣。关于师生关系以及师生是否可以像朋友一样相处的话题，在教育领域经久不衰，且一直备受关注。师生是否应该成为朋友，我认为这取决于我们如何定义"朋友"，如果我们定义朋友为能分享私人生活、互相开玩笑、一同消磨时间的人，那么师生关系可能并不完全适合这样的定义。然而，如果我们将朋友定义为互相尊重、愿意听取对方的意见、能够提供支持和帮助的人，那么师生之间完全可以建立起这样的友好关系。

首先，我们需要认识到，师生关系是一种专业关系，老师的主要职责是教导学生，帮助他们学习和成长。这种关系的核心是尊重和信任，老师应尊重每一个学生的个体差异，并相信他们有能力学习和进步。同时，学生也需要尊重老师的专业知识和经验，并相信他们是为了学生的成长、发展而工作。

然而，这并不意味着师生关系必须保持严肃和正式。实际上，一个更加友好、开放和亲近的师生关系可能更有助于提高学生的学习动力和满意度。如果老师能够显示出他们真正关心学生的个人发展与福祉，那么学生可能会感到更加舒适和自信，从而更积极地参与学习。

当然，师生之间的友好关系也需要有一定的界限。老师是老师，学生是学生，不能搞没有原则的"一团和气"。譬如我曾经批评过试图叫我"哥"的学生。另外在师生关系中，"老师"这个角色相对来说掌握的资源更多，更具有主导性，需要遵守更多的伦理要求，譬如要避免偏袒某一特定的学生，更要避免过于深入学生的私人生活。尽管师生之间可以有友好的交流，但在评估学生的表现时，老师必须保持公正和客观。譬如导师在评估学生的学术表现时，需要保持公正，不能因为关系好而有偏袒；辅导员、班主任在评价学生日常表现、德育表现时，也要保持公正公平。

总的来说，我认为大学里的师生关系可以发展成为朋友式的关系，但这种关系必须建立在互相尊重、公正和专业的基础之上。老师和学生可以彼此分享知识，互相支持和鼓励，但同时也需要保持一定的专业距离，以确保教育的质量和公正性不会受到影响。这种平衡可能需要一些时间和努力来实现，但我相信它有可能为学生的学习和发展提供一个更加有利的环境。从身边的案例看，同济大学里的好多师生确实已经是很好的朋友。

李博

2023 年 10 月 21 日

茶不思饭不想，舍不得与老友分开，怎么办？

来　信

老师：

我真的好想我高中的朋友，我觉得没有朋友在身边干什么都不好玩，我甚至觉得饭都没什么好吃的了。我真的好想我的朋友，虽然很喜欢我现在的室友，但是我还是很想我原来的朋友。我觉得她们不在我真的提不起兴趣，怎么办啊，老师？

回　信

同学：

你好！感谢你的来信。我能从你的提问中深刻感受到你对于高中朋友的思念以及与之分离的苦恼，也看得出你特别看重友情。

上了大学之后，一个人在还不太熟悉的校园里产生的孤独感会加大这种对友情的思念，以至于"老友"成为你的感情寄托。所谓的"感情寄托"，其实也是给不稳定的自己寻求的安全感，而高中的朋友由于长时间的相处与陪伴，彼此已经很熟悉，带来的慰藉也就更强大，你的这种心情我特别能理解。但是要想摆脱朋友不在时的焦躁情绪，你需要在大学里重新建立起一套生活模式，这样才能处理好日常生活、校园生活还有学业上的各种事项。针对你的困惑，我这里有些小小的建议：

尝试进行"心理断乳"。我们一直以为亲人、挚友是无论我们走向何处都会静静守候我们的港湾,也是在一次次受伤后可以疗愈的地方。上大学是许多人生活中的一个重要转折点,标志着独立生活的开始,因此要逐渐培养独立意识,进行"心理断乳"。大学的学习生活中会遇到各种各样的问题,如学业压力、人际关系、生涯困惑等。"心理断乳"的对象不仅是家人,有时也包括朋友。那么,应该怎样"心理断乳"?可以有意识地独处,适当尝试一个人读书、学习、吃饭、观察校园和城市。还有就是要有意识地培养自己解决问题的能力,学会独立面对困难和挑战,不过分依赖父母或他人的帮助。

相信友情也会"距离产生美"。短暂的离别是有益的,真挚的友情经得起时间和距离的检验。朋友不论远近,心灵总是相通的,总希望对方是好的、是不孤独的。我曾看到过一封信,是一个女生写给她闺蜜的,信中有这么一句话:"我希望你不仅仅只有我一个朋友,因为我不可能会时时刻刻陪在你身边,在你需要我的时候或许我无法面对面安慰你,而其他的朋友会代替我来陪伴你,这样我会很安心,不至于会担心到慌乱……"语言朴实,但是表达出来的情感却令我动容。友情有时也具有超越自我的无私力量。即便她身处远方也依旧坚定地思念对方、支持对方,希望对方获得幸福,这样毫无功利心的感情弥足珍贵。

不忘旧友,也要结交新友。虽然我也明白你想要时时刻刻与朋友待在一起的心情,想和TA们一起做很多很多想起来就开心的事情,但是这种期待过盛,以至于影响到现实生活,是很可惜的。或许你应当尝试将注意力放在新的朋友身上,结交新朋友并不意味着要舍弃旧朋友，相反还能从新生活中获得新的感受并反馈给旧友，这何尝不是一种良性循环？再者说，朋友遍天下不是一种更为理想的境界吗？所以不用纠结旧友的缺席，也不要辜负新友抛出的橄榄枝，"海内存知己，天涯若比邻"嘛！

愿你在同济交到新朋友！也愿你和老友的感情经过时间的考验，更加醇厚！

李博

2023 年 10 月 15 日

想申请助学贷款,父母不太同意该怎么办?

来　信

猫头鹰老师:

您好!我是今年考入同舟学堂的学生,想问您一个关于助学贷款的问题。我来自西南地区,父母都是农民,家里收入并不高,我还有一个妹妹在读初中。今年高考前,爷爷检查出癌症,听说是担心治疗费用比较高,爷爷到现在都没有到大医院去治疗。他告诉我说保守治疗,但其实就是找附近的医生开了一些汤药。

前几天我跟爸妈说想入学后在学校申请助学贷款。但是爸妈并不同意,说是国家的钱哪有那么好借的,到时候还起钱来压力也大。可能他们也是怕我背负贷款后心理压力大吧。

请问像我这种情况,可以申请助学贷款吗?如果可以的话,我该怎么说服我爸妈呢?

回　信

同学:

你好!非常感谢你分享了你的情况,我真诚地理解你的担忧和烦恼,同时也表达对你的敬意。在不到20岁的年龄,你就已经深切体察父母的艰辛,愿意分担一部分家里的负担,可见你的担当和自立。在这个问题上,我会尽量提供一些关于助学贷款的信息和建议,希望对你有所帮助。

首先，关于助学贷款，它实际上是一种资助方式，目的是帮助有需要的学生获得教育机会，减轻他们的经济负担，不必立刻还款。国家和学校都提供了不同的助学贷款政策（生源地贷款、校园地贷款），旨在帮助像你这样有志向，但家庭经济情况较为困难的学生。

考虑到你的家庭背景和情况，你是可以考虑申请助学贷款的。毕竟，教育是一种投资，它会为你未来的发展打下坚实的基础。同时，你的家庭也面临着一些挑战，尤其是爷爷的健康问题，这可能需要更多的医疗支出。助学贷款可以在一定程度上减轻你们的经济负担，让你能够专心学习，将来用所学来改善家庭状况。

说服父母接受助学贷款可能会是一个敏感的话题，因为他们担心你的负担重及未来还款问题。在和他们沟通时，你可以先平心静气地倾听他们的想法和担忧，然后再分享一些你了解到的关于助学贷款的信息，包括政府和学校提供的支持、还款的灵活性，等等。同时，你可以强调你的决心和信心，表达出愿意为了学业努力，为家庭争取更好的未来。如果可能，你还可以约请一些身边已经申请过助学贷款的同学，分享他们的经验，这可能会有助于缓解你父母的顾虑。无论最终的决定如何，沟通和理解是最重要的。在与父母交流的过程中，保持耐心和尊重，让他们知道你是在为了未来更好的发展和家庭的幸福而考虑这个问题。

最后，我希望你开学后来找我，我们多交流一些信息。如果你的家庭经济条件符合学校的规定，是可以申请助学金的。

最后的最后，我想说，你已经为自己和家人考虑得很周到了，这本身就值得骄傲。祝愿你能够做出最适合你和家人的决策，迎接充满挑战和机会的大学生活！希望早日在同济校园见到你。

你的猫头鹰战友

2023 年 8 月 23 日

感觉自己和同龄人相比不够成熟，有些社恐……

来　信

老师：

　　您好，我感觉自己和同龄人比起来不够成熟，有些社恐，也容易冲动做一些不好的事情。请问老师如何才能让自己变得更理性、成熟，从而克服社恐，积极融入校园和社会呢？

回　信

同学：

　　你好！感谢你的来信！在大学这个充满探索和成长的阶段，生活中出现小小的疑虑和焦虑，都是再正常不过的事情。我反而觉得，你短短的文字中透出一颗谦卑受教的心，谦卑是一种大智慧。你能给老师发出这封信并能承认自己的不足，我感觉你已经走在不断提升自己的路上。

　　你的来信也给我出了一个历史性难题，你问"如何让自己变得成熟"。我首先要思考的就是"什么是成熟"，即"成熟的标准是什么"。也许可以写一个上千字的小作文，里面充满着"内敛、坚强、平和、包容、定力"等词汇，但是总觉得这样做缺一点什么。18岁的成熟和28岁的成熟、38岁的成熟能一样吗？即便"成熟"有标准，那对不同的人来说，是否都适用这个标准呢？甚至我们可以反思：是不是所有的人都要成熟呢？北京大学青年教师韦东奕，从现有的新闻报道上看，他在提升个人外在形象、提升生活质量上面好像也不太成熟，但不妨碍他在专业方面有极高的素养，被称为难得的人才。

所以我觉得，"成熟"或许可以先理解为是"可以尽力承担好自己的责任"。脱离了"责任"和"担当"谈成熟，显得有点不够具体、不够深刻，甚至有点轻飘飘的。譬如你是一名大学生，在读书方面承担好责任，刻苦努力就是成熟；面对家长和前辈，耐心、关爱、体贴就是成熟；面对同学和朋友，热心、平和、宽容就是成熟。把面对不同角色的各种小事处理好了，可能你也就慢慢成熟了。

至于积极融入校园和社会，可能要保持一个开放的心态。就好比一场同济大学美食之旅：你可以每天三餐在"学苑饮食广场"吃饭，这里饭菜的营养也能保证你的身体健康。但你也可以到"北苑餐厅""西苑餐厅"尝试各种不同的味道，或者到"社会餐厅"品味丰盛的人生大餐。每一道菜都是一种味道，每一口都是一种成长。不管是加入社团、竞选班委、参与志愿服务，还是大胆尝试其他新事物，都是你的人生盛宴中不可或缺的"调味品"。人毕竟是生活在社会中的人，不管是磨炼自己的性情还是提升自己的社交能力，都需要通过真实的社会交往来实现。

我在回复一个打游戏的同学的信中曾经提到，锻炼身体的人，要学会制定"每天一个俯卧撑"的目标，不要急于制定"每天一百个俯卧撑"的目标。一百个俯卧撑第一天完不成，第二天就泄气了。而一个俯卧撑肯定能完成，完成之后还能多做几个。对你来说，你的"一个俯卧撑"包括：为身边同学讲解某个知识点，在微信群回答一个大家的疑问，或者哪天有空了去做一次志愿服务。"一个俯卧撑"累积多了，以后你就可以去竞争一个班委、社团骨干的岗位，也许就有能力"每天一百个俯卧撑"了。

至于社恐，我们可以把它看作一只内心的小怪兽。它可能一开始会让你感到不安，但请相信，只要你开始与之亲近，它也会慢慢变得温顺。尝试逐渐放下"要被所有人喜欢"的包袱，关注那些真正在乎你的人。在校园中，你可以参加一些兴趣小组活动，找到志同道合的朋友，渐渐将"社恐小怪兽"驯服在友情的草原上。要有一定的社交能力，但不必刻意追求"社牛"。

成熟这件事情，就好比一杯茶的泡制。有的时候茶叶需要经历滚水的热情，有的时候它又需要静静地在水中安放。人生就像对茶汤漫长的烹煮，充满了未知的乐趣。不必惧怕，让每一次品尝成为你成长的证明。保持谦卑，也保持自信，带着好奇心一直品味下去吧！

李博

2023 年 9 月 4 日

在高中养成不玩手机的习惯，到了大学却屡遭批评

来　信

老师：

您好！我是一名大一学生。高中养成了不玩手机的习惯，上大学后我总是不能及时看到群里面的通知和活动。于是经常在群里被"艾特"，有时候班长或者班委要到宿舍来找我。我知道这是我的问题，可是大学好多活动和通知，要求特别多，感觉还没啥意义，全部是一些形式化的东西。那天班里要开一个线上会议，我又因为没及时看到消息，上线晚了被批评了。我真的是郁闷，不知道怎么办了。求解答。

回　信

亲爱的同学：

你好！当我看到你的这封信，你的困惑和苦恼仿佛也跃然眼前。

首先，我想对你在高中期间养成的不玩手机的习惯表示由衷的赞赏。在如今这个数字化时代，能够保持这样的自制力实属不易。这说明你拥有超乎常人的自律能力和对时间的敏感度，这是非常宝贵的品质。尤其现在是考试周，你能够不被手机捆绑，在时间管理方面已经领先一大截了。

然而，大学生活的确与高中有着显著不同。这里，信息的流通速度快、种类多，活动和通知更加频繁和复杂。手机和网络以

及所伴随的信息流动,肯定是可以给学习生活带来很大的便利,就像你能通过移动互联网轻松给我写一封信一样。你所面临的困境,在于如何在不迷失自我习惯的同时,适应新的信息环境。这是成长过程中必须经历的调整期,每个人都会或多或少遇到类似的挑战。对于你提到的经常错过群里通知和活动的问题,可以尝试制订一套适合自己的提醒系统。比如,可以在固定的时间,如每天的某个时段,专门查看手机中的消息,这样既不会打扰到你日常的生活和学习,也不会错过重要信息。

你在来信中说,有时候班长或者班委到宿舍来找你,看来他们对工作是非常负责的,怕你错过重要的消息。如果你真的查看信息有特别困难,也可以跟班长或其他班委或者寝室长沟通,告诉他们你查看消息的习惯,或许他们可以通过其他方式(如直接告知)来传达对你来说重要的信息。当然,你也记得偶尔给你的"联络人"买一杯"秋天的奶茶""冬天的奶茶"以示感谢。

关于你对大学活动的看法,我理解你所认为的形式化与缺乏意义。的确,任何活动都可能存在一定程度的形式主义,但每一项活动背后,都有它存在的目的和意义。我鼓励你尝试以积极的眼光去发掘这些活动的价值。比如,参与这些活动,你不仅可以提升自己的组织和协调能力,还能拓宽人际关系网,这对未来的职业生涯都是有益的积累。同时,这些活动也是大学文化的一部分,它们构建了这个学术社群的精神面貌。对那些的确意义不大却必须要做的事情,可以抱着"升级打怪"的心态,磨炼心智,积极完成。等你工作以后,也会面临大量意义不大却必须做的事情，譬如评职称主要靠学术能力，评之前却要花时间填写大量的表格、复印整理大量的资料等，一样需要"升级打怪"的心态助力。

那次线上会议的经历令你尴尬和沮丧。但请相信，每个人都有过类似的经历，它们并不会成为定义我们的标签。关键是从这些事件中汲取教训，进行必要的调整。在这个过程中，最重要的是保持对自己的宽容和理解，同时也要学会适时地对外界的要求作出响应。

生活就像是一场不断向前的旅行，我们在路上会遇到各种各样的风景。有的风光旖旎吸引人驻足，有的坎坷崎岖考验意志。你现在所经历的困惑和挫折，正是你旅途中的一道风景。它们将会成为你记忆中的一部分，也会成为你成长道路上宝贵的财富。大学是一个充满机会的地方，你的老师、同学，乃至学校里的许多人，都是你的支持者。当有困难时，请勇敢地伸出手寻求帮助。我们一直在这里，为你提供最坚实的后盾。

愿你在大学的时光里，不断探索，勇敢前行，书写属于自己的精彩篇章。

李博

2024 年 1 月 10 日

想家！"小水手"以深夜哭鼻子开启灿烂大学生活

来　信

猫头鹰老师：

您好！我是一名大一新生，今天开学第三天了，忽然想家想到崩溃。其实我家离上海不远，坐高铁不到两个小时，但是我从小没有住过校，也没有真正离开过爸妈。为了送我报到，爸妈特意请假，我们提前两天来到这个城市，虽然天气炎热，但我们全家在上海逛了逛，心情很好。报到那天，我们是第一个到宿舍的，我感到很兴奋，这两天的一切都很新鲜，对大学生活充满期待。今天中午爸妈退了房之后，说要回去了，他们乘地铁去高铁站了，我就开始"EMO"，心情很不好。甚至在打这些字的时候，眼泪止不住地往下流，但是又不敢哭出声来，怕被别人听到。我觉得大家都好成熟啊，而我却偷偷想家。现在已经盘算着什么时候回去了。我真的能适应大学生活吗？

回　信

亲爱的"小水手"：

你好！见信如晤。首先我要向你表示最热烈的祝贺，恭喜你通过努力考入了同济大学。这是一个全新的起点，也是一段充满未知和可能性的旅程。其次我要向你解释一下为什么我唤你作"小水手"，因为看到你说"没有真正离开过爸妈"，我脑子里忽然浮现出一个孤独的小水手离开家乘风破浪的形象。再加上我们同济大学的 Logo 就是"众人划桨",其实你就是其中一位勇敢的"小水手"。今天你第一次扬帆远航,为自己打开了一扇通向广阔世界的大门,我相信,你的大学生活一定会因你的勇气和坚持而熠熠生辉,你将来也必定成长为一位优秀的船长。

关于"想家"这件事。你提到刚上大学就开始想家,这完全是人之常情,不必因此感到自责或不安。心理学研究表明,人在经历重大生活转变时,通常会感到一段时间的情绪波动。这种波动是我们适应新环境时的自然反应。你从小没有住过校,现在第一次离开父母独立生活,这种感受更加正常。记得很多年前我大一报到时,是爷爷送我入校的,他回去的时候,我的心里也特别难受。事实上,想家是我们内心深处对熟悉与安全感的自然需求体现,正如教育学中的"依恋理论"所指出的,人与家人之间的深厚情感纽带,赋予我们力量与安全感,而不是脆弱和依赖。

多与家人联系,适时回家。在这样的时刻,和家人保持联系会让你感觉更加温暖和安心。你可以通过视频电话、语音聊天等方式与他们分享你的日常生活,听听他们的声音,这会让你感到更接近他们。同时,考虑到你家离上海不远,当条件和时间允许时,偶尔回家看看也未尝不可。这不仅能缓解你的思乡情绪,还能在家人陪伴下为你带来新的力量。记得我读大一时,班里有同学刚到国庆假期就乘飞机回家,我当时心里还有点隐隐觉得该同学太娇气了,但是后来想想,在条件和时间允许的情况下,多和家人在一起,本就是一件很好的事情啊。当然,大学生活的丰富多彩也值得你投入其中。你将有机会认识许多来自五湖四海的朋友，他们会和你一起成长、学习，并在未来的旅程中成为你坚实的伙伴。

我建议你尽快在学校多认识一些新的朋友。人际交往可以大大减轻初入大学时的孤独感，并帮助你更快地融入新环境。参与学校的社团活动、班级活动，或与舍友、同学多交流，都会为你带来意想不到的收获。正如心理学中的"社会支持理论"所描述的，人际关系和社会支持系统是我们心理健康的重要保障。通过与他人建立积极的联系，你会发现自己逐渐适应大学生活，并感受到集体的温暖。

关于"想家""适应大学生活"这件事，我再给你提几条小建议。首先，给自己设定一个适应期。告诉自己，在这段时间里，想家是可以理解的，不必对这种情绪感到过分担忧。其次，尝试在日常生活中寻找乐趣，比如探索校园、尝试新的学习方法或参与你感兴趣的活动。这样不仅能分散你的注意力，还能让你逐渐在新的环境中找到归属感。最后，别忘了给予自己足够的耐心。适应新的生活需要时间，而你正在经历的每一步，都是成长的标志。

亲爱的小水手，大学生活如同一场冒险，它充满了未知与挑战，但也带来了无尽的可能性。你现在的思乡情绪，只是适应过程中的一个小插曲，相信随着时间的推移，你会逐渐适应并爱上这段旅程。在此，我想对你说：你有足够的能力去适应大学生活，去面对未来的各种挑战。勇敢面对内心的情感波动，逐步建立起自己的生活节奏，并在这段旅途中找到属于自己的光芒。

正如郑智化《水手》中的歌词所说："他说风雨中这点痛算什么，擦干泪不要怕，至少我们还有梦。"希望你在未来的日子里，带着这份勇气和梦想，扬帆远航，成为一名真正的"船长"。若你在未来的日子里有任何困惑或需要帮助的地方，请随时与我联系。我相信，你会在同济大学的生活中，逐渐绽放出更加灿烂的光辉。

　　祝你在新的生活中，步步生花，日渐成长。欢迎来我的办公室领取一只猫头鹰徽章或一张明信片！

你的猫头鹰战友
2024 年 8 月 21 日

接到录取通知书后就沉迷爽文爽剧,还充了几百块钱!

来 信

猫头鹰老师:

您好!我是一名大一新生。这个假期自从收到大学录取通知书之后,整个人都放松下来。加上可以随便用手机了,就有点不能控制自己。最近看爽文小说很上瘾,白天看、熬夜看,欲罢不能。还为此充值了几百块钱。除了爽文,还开始看爽剧。本来想着假期里可以预习一下大学英语等,但现在完全不想学习,求问,怎么戒掉?

回 信

亲爱的同学:

你好!见信如晤。非常欢迎你的来信,也非常高兴在8月初就收到了2024级同学的来信。首先我要真诚地赞赏你的自省与觉悟。你能够在这个假期中意识到自身的问题,并主动寻求解决之道,这种勇气和智慧本身就是一大进步。正如德尔斐神庙的箴言所说:"认识你自己。"你已踏出了认知自我的关键一步,这本身便是成长的标志。

我明白你目前的困扰——沉迷于爽文和爽剧。在成长的道路上,我们多多少少都沉迷过某些事物。我记得自己在高中阶段还打过一段时间的街头游戏机,爽文刚刚流行时,我也曾经一晚上就充值200元。确实,"爽文爽剧"这类内容由于其简单直接的故事结构和令人快速满足的感官刺激，极易让人上瘾。过度沉迷于这些"爽文"和"爽剧"，会让我们逐渐失去深度思考的能力，同时浪费大量宝贵的时间和精力，进而对学习生活产生不利影响。以下是几个小小的建议，希望可以帮助你摆脱这种困境：

1．用其他事物转移注意力。心理学研究表明，改变一个习惯的最好方法之一是转移注意力。你可以尝试在日常生活中增加一些积极的活动，比如运动、旅游、阅读有益的书籍，或者与家人和朋友交流。通过这些方式，你不仅能够丰富自己的生活体验，还能逐渐减少对爽文和爽剧的依赖。阅读是一个非常好的习惯，它不仅可以开阔视野，还能提高思维能力和语言表达能力。你可以选择一些经典文学作品、专业书籍或者有助于个人成长的书籍进行阅读。在阅读的过程中，你会发现一个更加广阔的世界，这种深度阅读的醇厚体验会逐渐替代爽文带来的短暂满足感。

2．以研究的心态理性分析爽文爽剧。从教育学的角度来看，培养批判性思维是非常重要的。你可以尝试从理性的角度来分析几部你喜欢的爽文和爽剧，分析它们的故事结构、基本逻辑，以及所谓的"爽点"究竟在哪里。同时，了解市场上主要爽文爽剧的类别和套路。当你能够清晰地看到这些作品的模式和套路之后，你会发现它们并没有想象中那么有吸引力，"祛魅"的过程会帮助你逐渐减少对它们的迷恋。

3．尝试摆脱对爽文爽剧载体——手机和网络的依赖。手机和网络依赖是许多现代人共同面临的问题。你可以尝试定期过"无手机的生活",将手机放在不易触及的地方,把无手机的时间用于阅读或其他有意义的活动。例如,规定自己每天在特定时间段不使用手机,将这段时间用来学习、阅读或者投入到其他兴趣爱好中,这样不仅可以提升自己的专注力,还能有效地减少对手机的依赖。

4. 给自己增加正向激励。在行为心理学中,正向激励是改变行为的有效方法。你可以为自己设定一些小目标,这些目标不必宏大,但要切实可行。比如,每天减少1小时沉迷于爽文的时间,将其投入更有意义的活动中。每当你完成这些目标,不妨给自己一些小奖励,无论是一块美味的巧克力,还是一次愉快的散步。这些小小的奖励不仅能为你的努力增添光彩,更能让你在追求进步的道路上感受到快乐与满足。

5. 寻找你自己的支持系统。不要独自面对所有的困境,寻求支持是非常重要的。你可以向家人、朋友或者导师倾诉你的困惑,听取他们的建议和帮助。加入一些社团或者学习小组,通过集体的力量来帮助自己保持积极的生活习惯和学习状态。

6. 制订你的专属学习计划。假期是一个很好的预习和充实自我的时间。你可以根据自己的实际情况,制订一个合理的学习计划。将大块的时间分割成小段,合理安排预习、复习和娱乐时间,保证每天都有一定的时间用于学习。这样不仅可以提高学习效率,还能让你的假期生活更加充实和有意义。

"路漫漫其修远兮,吾将上下而求索。"人生的道路漫长而充满挑战，但只要我们不断努力，不懈追求，就一定能够实现自己的目标和梦想。希望你能通过努力，摆脱对爽文和爽剧的依赖，迎接更加美好的大学生活。

你的猫头鹰伙伴

2024 年 8 月 7 日

其实我只是被骗了几百块钱,为什么会这么沮丧?

来　信

猫头鹰老师:

您好!想跟您说一件郁闷的事情,我昨天因为购买游戏账号,被骗了几百块钱。虽然经济损失不是很大,但是心情很郁闷。一天下来,我心情超级差,整个人都不好了,我该如何调整心情?想想我心里就超级难受,谁叫自己傻呢。又觉得自己很没出息,这点儿事情都过不去。求老师安慰。

回　信

亲爱的同学:

你好!我非常理解你现在的心情。当发生被骗这样的事情时,任何人都会感到难过和沮丧,这并不是你一个人的感受,而你的勇气在于能够主动分享自己的困扰和不快,这是非常值得赞赏的行为。你的勇气其实也鼓励了我,我也决定把自己以前被骗的经历和感受分享出来。

被骗让人觉得沮丧,首先是让人觉得"智商受到侮辱"而且"侮辱性极强"。我早些年刚留校工作,曾经在申请教师资格证时发现,虽然"高等教育学概论"等3门课程已经考过了,但是自己还没有普通话证书。当时距离申请教师资格证的时间已经很短,就想找一个能快速报名的地方。于是在百度上搜了一个教师资格证报名链接(我那时候竟然会相信互联网上的信息,唉……），后来加了微信、交了200元、发了报名照片，等等，然后便没有然后了……再后来我才意识到被骗了。但我在今天之前，从不敢把这次被骗的经历告诉别人，怕我的领导知道了之后，觉得李博这人智商太低，不可重用……想想骗子在得到我的钱之后，肯定还在背地里嘲笑："这人还是同济大学的老师呢，这么傻……"真是可恶啊！现在想想，其实被骗和智商也没啥关系，我们都期待与他人在相互信任的基础上进行交往。当这种信任被突然打破时，自然会感到被侮辱，这是人之常情。你的感受是对自己诚实的体现，没有什么是"傻"或"没出息"的。

被骗这件事很让人难受，是因为在这种情况下，很容易产生"社会险恶""人心险恶"的感觉。说到这里我又得提一提自己十几年前遭遇的一次"兼职骗局"，骗局并不复杂，对方冒充中介机构骗取了我130元中介费。这一次的上当经历也让我的大学兼职尝试草草收场。当时我发现自己受骗后，也像你一样情绪不好，感叹"世界上怎么会有这么坏的人，去骗经济上还不能独立的学生"。不过我们要记住的是，这只是社会上的一小部分阴暗面。大多数人还是善良和值得信赖的。我们不能因为一次不幸的事件就否定了周围人的本质。同时，也要学会保护自己免受未来可能的伤害。

现在你被骗了几百元，我还是建议你报警。可以通过保卫处联系派出所。报警不仅有可能帮助你追回损失，更重要的是可以避免更多人受害。骗子往往不会只骗一个人，你的行动可能就是保护他人免受损失的关键一步。虽然现在可能难以接受，但这次经历确实像是一种"疫苗"。虽然疼痛，但它提升了你的警觉性和分辨能力。从这次经历中，你学到了在未来如何更加小心，如何从复杂的信息中识别潜在的风险，这将是你宝贵的人生财富。就像我一样，之前的上当经历让我也变得非常警惕，后来我又遇到无数次陷阱，包括"我是你领导""我是税务局的""这里是某某会所"等各种骗局，但都被我识破了。我相信，随着时间的推移，你也会变得更加明智和强大。

我知道现在给予你安慰可能还不足以驱散所有的阴霾，所以，如果你愿意，我非常希望你能来找我，我请你到校门口的联合广场吃一顿饭、聊聊天、压压惊，哈哈哈。有时候，面对面的交流比任何事情都来得直接和有效。而且，没有什么事儿是一顿烧烤不能解决的。

生活中的困难和挑战是我们成长的催化剂。今天的这个困境，将是你未来抵抗风险的一部分力量。我在这里，愿意支持你，陪伴你一起面对这些挑战。当你准备好的时候，我们可以一起制订一些策略，帮助你从这次经历中恢复出来，变得更加坚强和自信。

期待与你的会面，共同享受一顿解忧的烧烤。

你的猫头鹰伙伴

2024 年 4 月 18 日

饭搭子还是朋友？在大学重新思考成年人的友谊

来　信

老师：

　　请问，如何向朋友传达那种由于学习的缘故无法和TA在一起吃饭，无法时时刻刻都待在一起，但内心里我们依旧是好朋友的感情？

回　信

同学：

　　你好！欢迎你的来信。你提了一个很有意义的问题。但抱歉的是老师最近有点忙，没能及时回复你。你的来信中体现了对友情的珍惜与困惑。确实，朋友是人生中最重要的伙伴之一；友谊是珍贵的财富，我们应该珍惜并努力去维护它。

　　不过感觉你来信中更重要的关注点，是担心过多的"社交"影响自己的学习。这说明你还保持着高中那种以学习为主的自觉性，意识到大学（特别是大一）课程学习的重要性。你拥有"不应因为过多地参与社会活动而影响到学习"的积极取向，同时又不愿轻易失去友谊，或被他人议论自己不合群。因为确实也有一些同学认为，自己好不容易才考上同济这样的名校，至少可以暂时歇歇脚、缓口气了，不用绷得太紧，等休息好后再出发，对大学学业难度和更高标准要求认识不到位。

　　事实上，对你的保持以学习为主的想法，我个人是非常支持和肯定的。既然内心做出了这样的选择，你在抓紧自己学业同时，就必须要忍受一定的孤独，还要对别人的不理解持包容态度。

话说到这里，怎么跟TA解释自己无法一起吃饭，也就变得不那么重要了，不是吗？我们真诚、认真地解释就好。成年人需要成熟的友谊，成熟的友谊意味着它要包含"理解""包容"等元素。另外，真正的友谊是建立在相互关心的基础上的。虽然不和朋友一起吃饭，你也可以多关注对方的生活和学习情况，留意TA的需要和感受。例如，我们可以询问对方的学习进展、生活情况，或者他们最近是否有遇到什么困难，等等。这些细节能够让对方感受到我们的关心和在乎，从而加强彼此之间的友谊。我们也可以通过社交媒体等平台互相留言或私信，分享自己的生活和心情。这样可以保持彼此的联结，让我们的友谊不会因为距离而疏远。

当然，如果改变不了别人，就先改变自己。自己认真学习了、顺利成长了，是自己得益，也是自己将来服务社会、有益于社会的本钱。古人说，"君子之交淡如水"，这是很高的境界，但对好朋友来说，也是基本的要求。好朋友的最高层次就是知己。所谓人生得一知己，足矣。知己难得，所以需要有患难与共、同甘共苦的长期体验来支撑和细心呵护。知己虽然有时和你会减少来往（比如学业繁忙时期），但友情并不因此递减，它是刻骨铭心的，难以忘怀的，时时在心里涌动的，并以直接或间接、有形或无形的方式表现出来的。好朋友不是说出来的，而是做出来的。

默契、理解、包容、欣赏、成全，都是好朋友的基本特点。

祝你一切都好！如果你还有其他问题或需要进一步的帮助，随时告诉我，像朋友那样。

李博

2023 年 9 月 23 日

室友恋爱深夜聊天影响休息,该怎么办?

来　信

李老师:

　　您好,我是某学院的一名大二学生,最近遇到一些生活上的问题想要向您请教。是这样的,我的室友大概一个月前在学校里找到了她的男朋友,他们经常在寝室里开视频聊天,有时候一直到很晚。我们寝室姐妹间关系本来很好也比较融洽,觉得对方有问题都是不会轻易指出来的。我之前就这个事也向她提过醒,她对此竟然有点不耐烦的样子。所以我再也没敢提及此事,室友间关系还算和睦。只不过最近她越来越晚,常常凌晨一点多也不休息,声音还不小。我没有办法,最近几乎天天晚上被吵醒,睡眠质量很差,但是因为不想影响她的爱情和未来也很无奈。正因为此,有时候第二天上课时会困到难以集中注意力,不知该怎么办。希望老师能给点好办法,感激不尽。

回　信

同学:

　　你好!非常感谢你的信任。你提的这个问题比较常见,也非常重要。收到问题后我怕回答不好,还专门咨询了其他几位老师的意见。大概有这么几个建议:

　　第一,问题不容回避。就是说一定要和同学沟通这件事的重要性。目前她的作息问题已经影响到了大家的休息,让你上课没有精神。这其实是一个"恋爱公德"问题。恋爱中的公德问题是爱情责任的一个重要方面。以往我们在谈"恋爱道德"的时候，主要强调在恋爱中要对恋人负责的一面，而对恋爱过程特别是热恋阶段情感突破理智藩篱而直接影响别人（比如影响舍友休息等）的一面如何负起责任来，也是要高度重视的。

第二，凝聚更多共识。你不要一个人跟她谈，而是首先和同寝室其他几位同学沟通并形成共识，然后一起与那位室友严肃、认真地谈。可以尝试在大家都平静的时候，提出你们的困扰，并说明这对你们的学习和生活造成了影响。尽量保持开放和尊重的态度，听听她的看法和感受。如果没有效果的话还可以请班级辅导员或者班主任老师出面。辅导员和班主任在处理此类问题时，有更多的经验和资源，可以提供更具体的建议和解决方案。

第三，尝试"曲线救国"。如果该同学的男朋友是我校学生的话，也可以"曲线救国"，通过那边熟悉的同学打打招呼（即告知他，他跟女朋友的视频已经影响到对方全宿舍人员的休息）。或者可以与对方学院学工部门联动，商请对方也帮着做点工作，让对方也注意恋爱中的"公德"问题。双管齐下，比单方面工作效果肯定要好，另外对恋爱双方副作用小，以显示我们不仅不是去干预他们的自由恋爱权，而是在奋力成全他们的爱情。

第四，关爱对方成长。对你的这位室友本人来说，恋爱常常谈到半夜，这是情感突破理智藩篱的又一个表现。偶然一次两次问题不大，但如果经常如此，负面影响（包括影响其本人的休息、影响其第二天的学习）肯定会出来。如何处理好恋爱与学业、恋爱与正常休息的关系，这对她来说也是成长中的重要功课。

  希望你能找到解决问题的方法，并能够在学习和生活中保持健康和快乐。欢迎继续来信探讨！

李博
2023 年 9 月 6 日

室友常模仿甚至复制我的生活，很烦恼怎么办？

来　信

猫头鹰老师：

　　您好！抱歉占用老师的时间，跟您说一个同学关系的烦恼。我有一个室友，大一刚认识的时候关系比较正常，但后来发现她好像在模仿我。我买了衣服之后她跟着买了一件同样的衣服。后来我买耳机，她也买一样的耳机和耳机套，有时候她看见我起床学习，她也起床学习。大一寒假结束回到学校的时候，发现她竟然换了和我一样的行李箱。后来大一结束要重新分寝室，我不太想跟她一个宿舍了，但碍于我们整个宿舍的关系还可以，就商量还是同一个宿舍了。后来我也跟她说过，不要学我，但是人家根本不在乎我说什么，有时候甚至问我看的什么书，因为她也要看。我感觉比较烦恼，觉得自己的私人生活被窥视。她从我床边路过的时候，我都觉得她会多看我这边一眼。有时候我也劝自己应该看开一点，不过还是觉得烦。请问老师我应该怎么办？

回　信

亲爱的同学：

　　你好！欢迎来信。感谢你愿意敞开心扉，与我分享你在室友关系中的困扰。首先我想说，你的感受非常真实和合理，这也表明你在关注自己内心的声音，这本身就是一种心智逐渐成熟的表现。

其实刚接到你的来信的时候，我是感到啼笑皆非的。我甚至心里暗想："这是啥事儿啊？怎么会有这样的室友呀？这是00后的专属烦恼吗？"但是静下心来想想，这种事情在生活中好像也挺常见。我们在成长历程中都做过模仿者，也可能被模仿过。记得我读大一那年，冬天天冷的时候上街去买外套，故意买了一件和同班蒋同学一模一样的黑色外套（我和他是好朋友，后来也是）。再后来我工作几年之后想买房，听说我们办公室的刘主任在杨浦和宝山的交界处买了一套房子，性价比还可以，于是就在他家小区买了我家的第一套房，相距不过几十米，就连装修房子也用的是他用过的装修队，全程都在搭便车……

你提到你的室友似乎在模仿你，这种情况其实在心理学中有一个专门的术语，叫作"模仿行为"（Mimicry）。人们在与他人交往中，尤其是与自己钦佩或想要靠近的人相处时，常常会无意识地模仿对方的行为、习惯和选择。这种模仿行为有时可能是无意识的，表达了她对你的认可和仰慕。但显然，这种模仿已经让你感到不适，甚至觉得生活被窥视，影响到了你的私人空间感。

关于如何应对，我有几点建议与你分享：

1. 确认并保持自己的界限。首先，你有权利保护自己的私人空间，确认自己的界限是非常重要的。心理学家丹尼尔·戈尔曼（Daniel Goleman）提出的"情商"理论中，强调了自我意识和自我管理的重要性。你可以尝试再次与她进行一次真诚的沟通，明确表达你的感受和困扰，温和但坚定地告诉她你的界限。例如，你可以告诉她你很高兴她喜欢某些与你相同的东西，但也希望她能找到属于自己的风格和兴趣。另外你还可以刻意和室友保持一些距离,譬如把学习、做作业的时间多放到图书馆、自习室等,遇到"可在可不在"宿舍的时候就不在宿舍,这样其实也有助于你的时间管理。

2. 引导她发现自我。你提到她总是模仿你的行为,这或许反映了她在寻找自己方向上的迷茫。你可以尝试通过分享一些对自己有帮助的成长经历或建议,帮助她发掘自己的兴趣和个性。正如心理学家所说,年轻人处在"自我认同"与"角色混乱"的阶段,她可能还在探索自己是谁。你的引导或许能够帮助她更好地认识自己,而不仅仅是复制他人的行为。请允许我今天以孙悟空的故事来说明这种心态吧!就好像是孙悟空离开花果山漂洋过海拜师学艺,刚刚步入人类社会什么都不懂,看到饭店里的人在吃面,也要学着吃面一样。当然,我用这个例子完全没有贬低你室友的意思,悟空本就是我的偶像;况且在人生的特定阶段,我们都有可能是这只小石猴。

3. 调整心态,轻松应对。虽然你已经很努力地劝自己看开一点,但依然觉得困扰。其实,这种感受是可以理解的。我们都希望自己的独特性能够被尊重,而不是被复制。换个角度思考,也许你可以把这件事当作一个幽默的生活小插曲:想象一下,你无意中成为了"生活导师",让你的室友深受启发,不妨为自己的影响力感到小小的得意。不过,笑归笑,还是要明确自己的界限。

4. 寻求更多支持。如果你觉得这个问题已经严重影响了你的日常生活，除了与室友沟通，你还可以寻求更多支持。比如找信任的朋友或其他老师聊聊，甚至可以考虑学校的心理咨询服务，让自己能够有更多的资源来处理这个问题。

最后我想说的是，大学生活中，我们常常会遇到各种各样的人和关系，有些可能让我们感到困惑或不适。但这些经历正是我们成长的一部分，让我们学会如何处理复杂的人际关系，如何在保护自己与包容他人之间找到平衡。希望你能找到合适的方法，既保持内心的平静，也能继续愉快地享受大学生活。如果有任何问题或想法，随时欢迎你再来找我聊聊。

你的猫头鹰伙伴

2024年8月29日

新生如何突破"内卷",像悟空那样快速为自己赋能?

来　信

老师:

　　您好!我是一名来自同济大学的大一新生。面对即将到来的大学学习,我感到有些兴奋,也微微有些紧张。在读大学之前就听说过大学的学习很卷,竞争激烈。有的学长学姐说为了学习要经常"肝"到凌晨一点,有的说还要忙着参加各种课外活动和科创竞赛等。作为一名新生,我愿意非常努力地学习,但又不愿意过度内卷。老师您有什么建议吗?谢谢老师。

回　信

亲爱的同学:

　　你好,见信如晤。欢迎你踏上这段充满未知与挑战的大学旅程。你提到在面对即将到来的大学学习时,既有兴奋,又微微紧张,这种感受是非常正常的。人的内心世界充满了"潜能与焦虑"的张力,而这种张力恰恰是成长的动力源泉。所以,兴奋和紧张并存,说明你已经为这段旅程做好了准备。

　　来信中你提的关于"卷"与"不卷"是一个很好的问题。大学的学习确实会让人感受到某种"竞争"的氛围,这在一定程度上源于社会心理学中的"社会比较理论"。这个理论告诉我们,人类天生倾向于与他人进行比较,从而评估自身的价值。然而,过度的比较会让我们陷入"内卷"的陷阱,即不断与周围的人竞争，以至于忘记了学习的初衷。但请记住，"内卷"的背后往往是对不确定性的焦虑。我们担心落后，害怕被淘汰，因此在无形中加剧了这种竞争。教育学家曾说过，教育的本质在于"唤醒心灵"，而不是让心灵疲惫不堪。因此，在大学的学习中，真正重要的不是你是否"卷"，而是你是否找到了自己学习的节奏与意义。

你提到不愿意过度"内卷"，这是非常明智的态度。既然你愿意非常努力地学习，那么如何在努力与"卷"之间找到平衡呢？这里有几条建议，或许能帮助你找到属于自己的节奏。

首先，明确你的学习目标。心理学家埃德温·洛克（Edwin Locke）的"目标设定理论"指出，清晰且具有挑战性的目标能够显著提高个人的绩效。你可以先问问自己：我来大学是为了什么？我的长远目标是什么？当你明确了这些问题之后，你的学习将会变得更加有方向感，也不容易被周围的"内卷"之风所裹挟。

在收到你的信的时候，网上铺天盖地的热搜都是《黑神话：悟空》，让我忍不住也要引用《西游记》的故事给你回信，因为，孙悟空就是反"内卷"的高手。你还记得《西游记》里菩提祖师同孙悟空的对话吗：

——我教你求仙问卜、驱邪避凶之术好吗？

——师父，似这般可得长生吗？

——不能不能。

——求仙问卜，不如自己做主。不学不学。

——那我教你念佛诵经,朝真降圣可好?

——可得长生吗?

——好似水中捞月。

…………

——念佛诵经,不如本事在身,不学不学。

在这个对话里我们可以看出,孙悟空的学习目标高度明确,他就是要追求"长生不老",所以不必要什么都学,"求仙问卜,不如自己做主;念佛诵经,不如本事在身;打坐参禅,不如弄棒打拳"。对我们大学生而言,没必要去考过量的、琳琅满目的证书,没必要去参加门类繁多却与自己生涯发展关系不大的竞赛,更没有必要看到同学在学什么就要学什么,我们关注自己的目标就好。

其次,重视学习过程而非结果。在学习中,享受过程本身所带来的乐趣,而不仅仅关注最终的成绩。正如有些教育家所倡导的那样,学习是一个"主动构建"的过程,是我们与知识之间的互动。在这个过程中,你不仅仅是在获取知识,更是在培养自己的思维能力、解决问题的技巧和批判性思维。《西游记》中,唐僧师徒四人历经"九九八十一难"最终取得真经的故事,深刻体现了学习过程的艰辛与重要性。这一路上,他们不仅要面对各种妖魔鬼怪的阻挠,还要克服自然环境的恶劣、人际关系的复杂等多重困难。正是取经路上这些困难与挑战,构成了他们宝贵的学习经历,使得他们的心性得到了磨砺、能力得到了提升、整个团队在磨合后实现了和谐;他们实现了修行与自我完善,同时也积累了民间威望与口碑。最后取得的"真经"内容如何,对他们本人来说反而没那么重要了。

再次,管理好自己的时间与精力。学会使用时间管理的工具,例如番茄钟、日程表等,这些工具可以帮助你合理安排学习与生活。心理学中的"自我决定理论"提到,我们有意识地管理自己的行为时,会感受到更大的自主性与控制感,从而提升学习的效果。另外,松弛一点,不必过于紧绷,不要忘记享受生活的乐趣。大学不仅仅是学习的场所,还是一个让你探索自我、结交朋友、发现世界的舞台。在努力学习的同时,也别忘了参与社团活动、结交新朋友、尝试新爱好。这些经历将为你的大学生活增添色彩,也会帮助你在未来的人生航程中更加游刃有余。教育应该让我们"发现自己热爱的事物,并付诸行动"。所以,不要过于严肃,保持幽默感,学会在挑战中寻找乐趣,这将让你的大学生活更加丰富多彩。

最后,找到属于自己的学习"航线"。你可以将大学生活视为一段"航行",而你就是那位掌舵的"船长"。学习如西天取经,每个人都有属于自己的航线,不必因他人的航线而改变自己的方向。你可以根据自己的兴趣与能力,选择适合自己的学习方式与节奏,找到属于自己的"航线"。在这个过程中,难免会遇到风浪与暗礁,但这正是航行的意义所在。你可以通过与老师、同学交流,或利用图书馆与网络资源,寻求帮助与支持。正如教育学家让・皮亚杰(Jean Piaget)所说,教育的目的在于帮助个体"适应"环境,而不是被环境所压垮。因此,面对学习中的挑战,勇敢迎接,灵活应对,你将逐渐掌握这艘"船"的航向,最终抵达你心中的彼岸。

亲爱的同学,在同济大学的求学生活如同一场壮丽的航行,它充满了未知的风景和迷人的港湾。你现在站在这艘船的甲板上,既有微微的紧张,也有些许的期待,这正是航行的美妙之处。请相信自己,你有足够的智慧与勇气去驾驭这艘船,找到属于你的航线。

人生,苦练"七十二变",笑对"八十一难"。祝你在这段旅程中发现自我,成就未来!

李博

2024年8月26日

2 学术研究与学习探索

学海无涯，书山有径

去探索物理之美,还是去追求博洛尼亚的浪漫?

来 信

老师:

您好,我是一名大一新生,现就读于建规大类。想在大一下学期转专业,但现在纠结于应用物理和自动化。想转应用物理是因为一直喜欢物理,觉得物理是描绘世界本质的学科。想学自动化是因为自动化专业有一个和博洛尼亚大学的合作项目,自高一起去意大利生活一段时间就是我的执念。当然,我也对机器人编码控制之类的很感兴趣,其中也考虑了自动化的好前途。我有些迷茫,不知道自己该选哪个方向。我还有点担心,害怕自己到时候绩点不够,哪里都去不了。请问您知道转物理和转自动化的绩点大概要多少吗?以及在最先叙述的选择问题上,有什么建议吗?谢谢。

回 信

同学:

你好!非常欢迎你的来信。来信反映出你对专业选择有不少思考,大学就是一个探索自我、了解世界的重要时期,每一步选择都显得尤为重要。你的迷茫是每个大学生成长过程中的一部分,也是通往发现自我的必经之路。

每年确认主修专业前,都有同学问我:转到某专业需要多少的绩点。我想说的是:转专业的确需要一定的绩点,但这个门槛并不是绝对的,它会随着申请的学生人数和整体水平而有所变化。尤其是你,需要通过"跨类主修专业确认"的方式进入物理专业或者自动化专业。跨类的名额要少于类内的名额,所以跨类的绩点要求更会因为报名人数的变化而产生较大波动。因此,我无法给你一个确切的数字。但我建议你,不要将绩点看作唯一目标,而更应注重自己的兴趣和长远发展。无论是物理还是自动化,专业的选择应该是基于你对这个领域的热情和对未来职业规划的考虑。

物理有物理之美,博洛尼亚亦有它的浪漫。你对物理的热爱体现了你对世界本质探究的渴望,这是一种非常宝贵的学术追求。如果你能够在物理学中找到乐趣,并愿意为之付出努力,那么这个选择将会为你带来深刻的满足感。物理学之美在于它对自然界的统一、简洁、深刻、对称、守恒以及预测的揭示,它不仅建构了我们对宇宙的认知,也满足了人类对于美的内在追求。至于你说的意大利我恰好去过两次,其中的一次也去了博洛尼亚大学。在意大利博洛尼亚大学读书,仿佛是在历史的长河中漂流,每一座古老的建筑都诉说着过往的辉煌。走在博洛尼亚的街道上,古老的红瓦屋顶和历史悠久的塔楼映入眼帘,学习并非仅仅限制在教室和图书馆,而是发生在这座城市的每一处角落。

目前你在信息不全、各种可能性都有的情况下,做一个复杂的决策。这种情况下,搜集信息、做好权衡非常重要,有几个方面的工作需要完成:一是自我了解。这包括认识到自己的兴趣、价值观、长期目标和个人能力;兴趣是驱动学习和工作的强大动力，而价值观和长期目标有助于确定决策的方向。二是信息收集。收集有关不同专业、合作项目及所需绩点的详尽信息；了解行业趋势、就业市场情况以及未来职业发展的可能性；同时，咨询在校学生、校友和教师等，他们可以提供第一手经验和见解。三是优劣权衡。列出每个选项的利弊，并考量其对自己未来的影响；哪些是你可以接受的，哪些是你的底线；这涉及对不同因素如兴趣、职业发展、学习环境和个人成长等的优先排序。

你现在正处于大学生涯的起点，生活的可能性如同天空中璀璨变幻的星辰，无穷无尽。郑庆华校长在2024年寒假务虚会上提到，同济大学正在以新时代"三化"（数智化、绿色化、融合化）推动学校高质量发展，其中的"融合"就包括专业的融合。即便你今年不读物理而是读了其他专业，也可以多研究应用物理，作为对你所学专业的补充；如果今年没有进入自动化专业，也不要忧心，生命的旅程充满了转机和惊喜。未来的某一天，你可以以交换生的身份，或是作为职业发展的一部分，以一种全新的方式踏上意大利的土地。每一步都是成长，每一次尝试都可能开启新世界的大门。

最后，我非常希望能和你进行一次面谈。面对面的交流可以让我更深入地了解你的情况，也能让我提供更有针对性的建议，也许还可以当面推给你物理专业学长学姐的微信。你可以根据自己的时间安排，与我预约一个合适的时间。祝好！

李博
2024年3月11日

如何在大学课堂上做好公开的展示和汇报？

来　信

老师：

　　您好！进入大学近一年我常在各类课程中遇到需要"pre"的场合，但是我的每一次尝试都不能算成功，问题基本都在于我精心准备的内容被我的紧张感和缺少互动而搞得一团糟。我不止被一个老师说到过尽量减少读稿，而令我十分困惑的是，其实其他人也都没有脱稿，但是为什么唯独我会被特别指出？而且我还有一个很大的缺点，就是会越讲越快，目前还没有想出很好的解决方法……望老师能提点一二。

回　信

亲爱的同学：

　　你好！非常感谢你信任我，愿意与我分享你在学习期间遇到的挑战。公开汇报和演讲不仅是学术和职业生涯中的重要技能，对个人今后的职业成长也有着深远的影响。我很乐意帮助你，现就课堂展示（pre）中遇到的问题提一点建议，仅供你参考：

　　1. 多训练，可以背稿子，但是要背到很自然的程度。背稿子是一种有效的准备方式，但关键是要背得自然，让人听不出你是在背诵。有一位女演员曾在采访中提到，只要把台词读到30遍，就会很自然地背出来。不知道你有没有把你的稿子读30遍？我记得俞敏洪写的一本书中说，那些上春晚说相声的老艺家,在登台前要把同一个相声反复练习500遍,心里才会有底。你可以尝试一下这个方法,确保自己对内容非常熟悉。通过不断重复,你会发现自己对内容的掌握程度会越来越高,进而减少对稿子的依赖。

2．可以找同学做你的观众,演练几次。在正式展示之前,可以找几位同学或朋友作为你的观众,进行几次模拟演练。这不仅可以帮助你适应面对观众的感觉,还能让你获得一些有建设性的反馈。通过模拟练习,你可以逐步调整自己的语速、语调和肢体语言,增强自信心。

3．打扮整洁,提升自信。打扮整洁,穿着得体,可以显著提升你的自信心。当你感到自己看起来不错时,自然而然会表现得更加自信。在展示时,保持良好的形象也能给观众留下积极的印象,增加互动的可能性。

4．调整语速,控制节奏。你提到一个很大的问题是会越讲越快。这个问题其实很常见,特别是在紧张的时候。你可以在准备时有意识地在稿子中标记出停顿的地方,并在每次练习时刻意放慢速度,进行深呼吸。还可以录音或录像,回放时注意自己的语速,逐步进行调整。另一个方法是在展示时使用一些手势或动作来帮助自己控制节奏,例如在关键点用手势提醒自己放慢速度。

5．另外,在汇报的过程中注意增加互动,减少紧张感。可以在合适的地方提出问题,与观众进行简单的互动,这样不仅能缓解自己的紧张,还能让展示更加生动有趣。互动不仅限于提问，还可以通过眼神交流、笑容和肢体语言来增强与观众的联系。每次展示结束后，主动寻求老师和同学的反馈，并进行自我反思。找出自己的优点和不足，不断改进。记住，每一次展示都是一次成长的机会，无论结果如何，都是你进步的一个台阶，都能帮助你积累更多的经验，逐步提升自己的展示能力。

公众展示、汇报是一项需要时间和经验积累的技能，不可能一蹴而就。保持耐心和坚持，不断练习，你会发现自己的进步。每一次展示都是一个学习和成长的过程，不要因为暂时的挫折而气馁。我希望你能从这些小小的建议中找到对自己有帮助的方法。我会一直关注你的进步，如果你有任何新的问题或需要进一步的指导，随时可以联系我。我相信，通过不断努力和练习，你一定能够克服目前的困难，在展示中取得更好的表现。

期待看到你的进步！加油！

李博
2024 年 6 月 6 日

如何实现从"躺平"到适度"卷"的转换?

来　信

李老师:

您好,不好意思大半夜打扰您。我是21级土木与环境大类的新生,但是在大一刚开学时转入了数学强基班,当时的想法仅仅是觉得强基班可以本校保研,这样的话我就可以尽可能在大学"躺平",可是现在慢慢觉得不太想要把自己一直困在上海这一个地方(而且想要到其他地方闯闯的心愿愈发强烈),目前我最大的愿望是能够去香港深造,这也就意味着我可能要开始适度地"卷"起来,但是这与我之前"躺平"的态度之间还是有着巨大的差距的,我想知道如何能在这种压力下尽快地完成状态的过渡与转换?以及如果想要去香港深造但自己家庭也仅仅是小康家庭的话,您有没有一些申请方面或者学习方面的建议?

回　信

同学:

你好!欢迎你呀,国豪学堂的同学!无论白天还是晚上我都乐意收到来信,所以不必客气(深夜正好也是"猫头鹰公子"的活跃时间)。看到来信,得知你在计划更大的发展,真心为你高兴。十八九岁的年龄,把梦做大一点总是好的。关于你想要从"躺平"状态转变为更加努力,以实现去香港深造的愿望,我觉得这是一个很好的目标。你已经意识到了自己需要改变,这是一个非常重要的开始。关于如何在压力下完成状态的过渡与转换，我有以下几点建议供你参考：

1．设定明确的目标并选择对标案例。想清楚你为什么要去香港深造，这将有助于你在学习过程中保持动力。可以将目标分解为短期和长期两种，这样你会更清晰地看到自己的进步。我的建议是选择好的"对标案例"。我们在做工作的时候经常会选择"对标案例"。比如同济大学的大学生创业工作，在"追赶目标"的时候选择斯坦福、麻省理工作为"对标案例"；同舟学堂在做学生关心关爱工作的时候，听说日本高校在学生个体关怀方面做得还不错，也会适当学习他们的经验。你以前"适度躺平"的时候，可能没有明显的对标案例，现在要"卷"了，可以选择一个"卷"得比较成功的同学作为标杆，然后朝着标杆努力。

2．做好各类信息的搜集与分类整理。包括提前了解你所感兴趣的香港院校的具体要求，例如学习成绩、语言成绩等，这样就可以有针对性地进行准备；同时要了解奖学金和助学金、勤工俭学等资助项目的信息。对于家庭条件一般的学生来说，奖学金和助学金等资助项目，是解决经济问题的重要途径。要提前了解各种奖学金和助学金的申请条件和截止日期，以便及时申请。

3．制订恰当的计划并付诸实践。你可能需要制订一个详细的学习计划（同济的校领导喜欢管这个叫"施工图"，哈哈哈）。在计划中包括你需要学习的课程、需要提高的技能，以及需要参加的活动等。这将帮助你更有条理地进行学习。要注重提升英语能力，如果你计划去香港深造，英语能力是非常重要的。你可以通过阅读英文资料、观看英文视频、参加英语角等方式提升你的英语水平；可以考虑早点报托福考试等，以实现"以考促学"。同时要非常注重积累实践经验。很多院校在选拔学生时，除了看重学术成绩外，还重视学生的实践经验。你可以尝试参加一些课外活动或者社会实践、志愿服务等，这不仅可以提升你的综合能力，也有助于丰富你的申请材料。

4．保持良好的生活习惯，找到合适的学习节奏。身体好才能"卷得动"。保持健康的作息时间和饮食习惯对于应对学习压力非常重要。尽量不要熬夜，保持足够的睡眠，这样你的精力会更充沛，应对学习压力也会更有利。尝试找到最适合自己的学习方法、学习节奏。不同的人可能适应不同的学习方式，例如有些人喜欢独立学习，有些人喜欢小组讨论。尝试找到最适合你的方式，不断提高学习效率。

"两条路在我面前分岔，我选择了人迹罕至的那一条，而这改变了我一生。"你的选择可能会带来挑战，也可能会带来机遇。无论如何，我相信你有能力完成这次转变，并实现你的梦想。如果你有更多的问题或疑惑，欢迎随时向我提问。我将全力以赴帮助你。以前我也曾考过托福和 GRE，但是后面没有出国留学。希望你拿到 Offer 的那天再给"信箱"写一封信，把好消息告诉"猫头鹰公子"。

李博
2023 年 9 月 4 日

这不是"临时抱佛脚",这叫"迅速学习"!

来　信

老师:

　　您好!我是一名大一的学生,目前正在期末考试当中。刚刚考完了几门,下周还有几门。为了准备期末考试,我确实也熬夜了,也早起了,下了不少临时抱佛脚的功夫。现在感觉前面考过的东西已经忘光光了。您觉得这种"临时抱佛脚"式的学习,除了为了争取最后的绩点,还有啥意义不?不好意思老师,可能我复习得太抓狂了,拼命想从这种复习中找点意义来支撑自己吧。谢谢老师,谢谢您提供的这个交流平台。

回　信

亲爱的同学:

　　哈喽!收到你的来信,仿佛能看到,星夜下的书桌旁,笔走龙蛇,灯光下是你熬夜奋战的英勇身影,这是多么令人心动的坚持啊!哈哈哈。首先给你送去满满的掌声和鼓励,期末考试本就如同战场,而你已经在这场战斗中赢得了好几场胜利。

　　的确,你提到的"临时抱佛脚",虽然听起来有点不稳当,但别忘了,即便是短暂的抱佛脚,也是一种能力的体现。这种能力,就是在压力之下迅速吸收和应用知识的能力。在这个快节奏的时代,这样的能力可是非常宝贵的。未来无论是工作还是生活,你都会发现,有时候我们需要的正是这种能力,快速地适应环境，迅速地学习新事物，然后勇敢地迎接挑战。以后你到研究生阶段时开展科研工作，为了弄清一个理论，你可能要在一两天之内阅读和该理论相关的所有能找到的高质量文献，这算不算"临时抱佛脚"呢？假如二十年后你是行业内一名顶尖的专家，拥有众多的科研成果，由于科研成果的转化，你有机会成为企业的一名负责人，这时候你要不要"临时抱佛脚"学习一下企业管理方面的知识呢？

但是，我也想和你聊聊平时的积累。想象一下，如果你能够把"临时抱佛脚"的这股子劲头，平时就发挥出来，那么你的知识宝库里将会积累多少宝贵的财富呢？平时的积累就像是在银行里存钱，而考试就是取钱的时候。如果你平时存得多，到了需要的时候，你就能从容不迫地取出所需，而不是临时抓狂地去找钱。这样的积累会让你在考试时更加淡定，因为你知道你已经准备好了。

同时，平时的积累还有一个美妙之处——它能帮助你构建起知识之间的联系。知识不是孤立的，每一个概念都与其他概念相连。当你平时就开始慢慢地积累，你会在脑海中建立起一个庞大的知识网络。到了考试的时候，你只需要轻轻一拉，整个网络中的知识就会涌到你的心头，帮助你解决问题。另外，平时的扎实学习可以促进深度思考，更有利于你把所学的知识运用到实践中。

那么，如何做好平时的积累呢？我会建议你，每天定一个小目标，比如阅读几页课本，做几道练习题，或者回顾一下前一天学到的内容。这些看似微不足道的小步骤，积累起来就是你坚不可摧的学术城堡。此外，反思、复盘也是一个很好的习惯。每当学习完一个知识点，问问自己：这个知识点的重要性在哪里？它和我已知的知识有什么联系？怎样才能更好地理解和记忆它？

不过话说回来，"临时抱佛脚"虽然不是最佳策略，但它其实也告诉了我们一些道理。它提醒我们，人的潜力是巨大的，当我们处于必须要发挥出全部实力的情境时，我们常常能做到意想不到的事情。这种在关键时刻爆发的能力，正是我们每个人宝贵的财富。

最后我想说，不管你是"临时抱佛脚"，还是平日里勤勉积累，这都是你学习道路上的一部分。每一次的经历，都是你成长的痕迹。你在努力，你在进步，这就足够了。别忘了，学习是一场马拉松，而不是短跑。长远来看，拥有一颗持之以恒的心，才是最重要的。

最后，期末大战还在继续，我在这个小小的猫头鹰信箱里给你加油，希望它能为你带来一丝温暖和力量。你已经做得很棒了，继续加油，不仅仅为了这几场考试，更为了你能在未来的生活中，拥有一颗坚韧不拔、持续学习的心！

期待你分享更多的成长故事。

李博
2024 年 1 月 11 日

送给考试周破防的"补天小王子"们

来 信

老师:

您好!我是一名大一的学生,觉得大学的期末周好可怕啊,主要是平时学得不扎实,现在有些破防了。以前在高中的时候,期末考试偶尔考差一点也没关系,只要后面努力把高考考好就行。而大学每学期的成绩都要记录,影响以后的保研等。元旦期间在复习,越是焦虑越是很难进入学习状态,应该怎样自我调整呢?

回 信

亲爱的同学:

你好!非常欢迎你的来信。就在你写信的这一刻,全国各地的大学里,不知有多少同学正在为了期末考试而紧张、焦虑、抓狂。这就是我们所说的"大一生活",别看我们大人时不时羡慕你们的青春活力,其实我们也深知大学生活并非尽是阳光与微风。大学生为期末考试而奋战的工程,以其工程之繁、难度之大、时间之紧,而被人称为"女娲补天"工程。今天就让我叫你"补天小王子"吧!

现在,让我们来谈谈你面临的问题。首先我要告诉你,你的焦虑其实是正常的。因为你关心你的成绩,关心你的未来,在乎你的保研机会。这些都是好的,这说明你是一个有责任感和追求的人。但是你也需要注意,过度的焦虑可能会阻碍你的学习和进步。操之过急反而会事与愿违,过度焦虑会让人失去平常心,影响正常的学习和思考。这也就是为什么你会觉得越是焦虑越是很难进入学习状态。那么你应该怎么做呢?我有几个小小建议:

首先,调整你的学习节奏。不要把所有的时间都压在学习上,你也需要适当的休息和放松。你可以试试每学习一段时间后,做一些你喜欢的事情,比如听音乐、散步、给家人打个电话等。这些活动可以帮助你放松心情,缓解压力。

其次,注意营养、锻炼身体。繁重的学习是非常消耗能量的,平时要注意补充营养,尤其是要吃好早饭。另外,"生命在于运动",运动不仅能够强身健体,还能够帮助你放松心情,提高注意力。你可以选择你喜欢的运动项目,如慢跑、游泳、篮球等。只要适合你,任何一种运动都是好的。

再次,调整你的心态。有一句话是这么说的:"你不能改变事情,但你可以改变你对事情的态度。"你不能改变期末考试的存在,但你可以改变你对期末考试的态度。你可以把期末考试看成是检验你学习成果的机会,而不是一种压力。

最后,多和其他的"补天小王子""补天小公主"们交流。我知道现在正是你们努力奋斗的期末周,这个时候,你们的书桌可能堆满了笔记,你们的脑海里也许充满了公式和理论。然而,我想要提醒你,不要忘记在这个时候你身边还有一群同在战斗的"补天小王子""补天小公主"们——你的同学们。学习并不是一场孤独的战斗,一起复习,互相交流,可以帮助你们看到自己没有注意到的角度，理解自己没有领悟到的知识点。这不仅能提升你们的复习效率，还能在紧张的复习过程中增加些许乐趣。所以，你们觉得困惑的时候，不妨抬起头，看看身边的同学，或许他们也有相同的困惑，你们可以一起探讨，一起解决。你们觉得累的时候，不妨放下书本，找找身边的朋友，或许他们也同样疲惫，你们可以一起分享，互相鼓励。

鲁迅先生真的说过这样一句话，"真的猛士，敢于直面惨淡的人生，敢于正视淋漓的鲜血"。当然，我不希望你的人生是惨淡的，也不希望你的人生充满鲜血。我只是想告诉你，人生总会有困难，有挫折，有失败，但只要我们有勇气面对，我们就已经是勇士了。你现在面临的困难也许只是你人生旅程中的一个小插曲，只要你不断积极探索，总能找到合适的复习方式。

大学的每一次成绩固然重要，但更重要的是你是否在这个过程中学到了什么，是否因此变得更强大、更成熟。人生的价值，并不是用时间，而是用深度去衡量的。期末考试只是你人生中的一小段时间，但你如何面对，如何应对，却可能影响你的人生深度，并影响你今后看待问题、处理问题的方式。另外，你的老师、你的朋友、你的家人，都在为你加油，都在支持你。我相信你可以攻克考试周的挑战！

期待你的好消息！

李博
2024 年 1 月 2 日

感觉自己在全方位退步?那就从做好三件事开始!

来　信

尊敬的李博老师:

您好!我是一个大二的土木工程的同学!总体上对自己很失望,在最近一年我在全面退步!

原来在学生工作方面,我对我自己的义务履行非常满意,相关的老师也十分满意。但是后来,我就越来越无法得心应手,对自己在这一方面的能力越来越失望,觉得让同学们和老师失望了,相关活动不敢参与组织了,现在基本上退出了。

在学习方面,对自己过去的一年半越想越后悔,感动式学习或者没有好好学习!估计本学期剩下的绩点出来之后,绩点预计在3.0左右。对自己未来的出路感到担忧,家里希望我读完研究生,但是以我现在的水平来看,考同济水平院校的研究生非常有难度。看到家乡普本的同学们已经开始实习,干专业相关的事情,拿下了一个又一个证书,我总感觉自己只在学理论,甚至没有学好,英语还忘记考了。参与了导师制项目,不过我觉得我的能力不太能应付。在985校园没有充分利用985学校的资源,我有时不明白我和普本二本同学的区别何在。每时每刻感到和大家有极大的信息差异,上课听不太懂,然后回去看Bilibili,感觉实质上都是在享用相同的资源。现在总有一种什么都想干,但是感觉什么都来不及的慌张感!当然土木这个专业也使我非常担忧,同济大学的土木很好,学土木也并不一定下工地,但是好的机会是留给更加优秀的人的！在土木工程学院，头脑像魔鬼般吞噬知识、交叉学科式输出的学生大有人在，像我这种末流的，很难立足。

在社交方面，因为之前的学生工作缘故，接触到的人特别多，大家也对我有非常好的印象！那时候每天都非常开心，每天都很有成就感。虽然对绩点不是很满意，但这是我再次前进的动力。看到朋友圈里之前认识的朋友现在遍布于世界各地，看到自己低迷的样子！直逼灵魂，我在干什么！之前经历过一次好朋友的背刺，我就变得一直躲着熟人，社恐。后来有所缓解。后来恋爱了（母胎），恋爱中我发现我被吸走很多能量，自己的生活安排也被打乱，一切越来越糟糕，渐渐我的社交圈里也没有了其他同学。后来发现，自己的交流表达能力大幅度下降，想和别人线下沟通交流取经，但无法准确表达我认为的困境。和新认识的人不知道聊什么，聊天中容易输出负能量，贬低自己。

分析原因的话，首先是我没有找到热爱。对于土木学科我不喜爱，但是也不厌恶。力学难，但是能学明白多少，就有多少喜悦！总体中规中矩。其次，我自制力不是很好。面对碎片化网络时代，碎片化信息交流，发现自己越来越难静下心来完成学习。我想列一个计划，明确主要去完成的事情，这样我容易完成，不过我现在什么也不会，排不出来优先级。此外，我有一种讨好型人格，总是不好意思拒绝。我觉得我的问题太多了，也不知道可以和谁分享，从哪里获取帮助，以后去做什么，现在可以干什么！身边也没有多少人可以交流。我想我的匿名应该掉了，说到这里应该被开盒了，哈哈哈哈哈哈！

老师，我不是很适合作为同济大学的学生。大家都是很优秀的，我像是全程陪跑的一样。但是又真的好想回到正轨。老师，面对全方位的退步，我应该怎么做啊？

　　谢谢老师！感觉好像会占用老师不少时间，不过写完这么多，心里倒是舒服了不少！

　　敬祝，身体健康，万事如意，团团圆圆，开开心心。

回　信

亲爱的同学：

　　你好！非常欢迎你的来信。在这个电子邮件和人工智能的时代里，还能收到这么长的信，让我感觉仿佛又回到了那个笔墨飞扬的年代（我日常都是以收到篇幅比较短的信为主）。首先请不要担心会占用我的时间，正是像你这样的同学给我写信，让我看到了我工作的真正意义——在你们寻找自己方向和价值的路上提供一点点帮助和启发。在信的末尾，你说通过写信自己的心里也已经舒服了很多，看来你自己的分析、复盘、自愈能力很强，你已经开始走在进步的大道上。在这里我先简单谈一点感想吧。

　　首先，让我们谈谈学生工作。你说你从一个得心应手的全明星团队队长退化成了一个害羞的板凳球员。但别忘了，即便是最好的运动员也会有低谷时期，像詹姆斯这样的大牌明星，也有不少比赛得分不如预期。关键是，他在比赛结束后不会去喝一大杯怀疑自己的苦酒，而是会继续投篮、练习和提高。所以，你现在可能只是在一个长长的暂停按钮上按了一下，调整战术而已。其实跟你一样，我在本科阶段、研究生阶段都从事过一些学生工作，这些经历让我觉得我留校全职从事学生工作后一定可以如鱼得水。但事实并不是这样，我刚工作的前两三年，一直觉得面对工作疲于奔命、痛苦无比。后来分析，那是因为成为全职的学生工作人员后，工作量变大、要求变高，再加上工作后需要处理的社会关系变得复杂，而我没有很好地适应。关于你对学生工作的困惑，我个人分析很有可能是从去年到今年你的事情变多了、要处理的问题变复杂了、工作的要求也变高了，所以你需要一个适应的过程。

接下来是你的学习成绩和学术生涯。你说你的绩点可能会跌至3.0，仿佛这是一场个人学术生涯的末日。然而，你知道吗？绩点并不是你的"智力晴雨表"，而是你在一段时间内的"学术表现快照"。现在你只需要拍一组新照片，记录你如何逐步克服困难、重拾信心的过程。你的绩点3.0让我想起我的一个好朋友。我本科读的是咱们学校电信学院的通信工程专业，有一位关系很好的同学（上海人），他大一阶段的成绩"超低空飞行"，平均绩点就是2.0左右，却很神奇地没挂科（那时候实行4分制，相当于现在的3.0）。后来他在大二、大三阶段踏踏实实学习，成绩越来越好，还顺利考上了本专业的研究生。你接下来稳住阵脚，成绩一样可以提上去。另外，谈到你对土木工程的困惑，你要知道，不是每个土木工程师都会在前线做指挥，有的人可能在设计桌前画蓝图，有的可能在实验室里用微观镜检查混凝土。也就是说，土木的世界比你想象的要宽广得多。你提到你觉得自己是末流的，但大海里的每一条鱼都有自己的游法，也许你只是还没找到适合自己的水流。

你的社交生活听起来像是一场过山车之旅。你曾经是那个每个人都想要在聚会上认识的人，现在却变成了社交媒体上的隐士。记住，社交媒体上的生活是被策划过的，每个人都在上面展示他们的"最佳时刻"。你不需要和他们比较。你是你自己，有自己的速度。你的朋友们可能正在世界各地探险，但这并不意味着你也需要打包行李。你自己的探险就在你的大学里，等待着你去发现。至于你的恋爱生活，也许恋爱生活会占用你许多时间和精力，但这也是成长的一部分。你将学会如何平衡，如何给自己和你的另一半空间，让你们都成为更好的人。

你谈到的自我怀疑和自我批评，真的很普遍。我们每个人都有一个内在的批评家，它喜欢在午夜时分进行直播。但记住，自我怀疑有时只是成长的副作用。你正在变得更好，你的内心正在调整以适应这种成长。以一颗平常心对待自己的"退步"，你会发现这些退步其实是你前进路上的踏脚石。人生不是一场速度赛，而是一次漫长的旅行，享受沿途的风景同样重要。

你提到你想列一个计划，却不知道从哪里开始，那我们就"聚焦聚焦再聚焦"：把学生工作稍微放一放，有些细枝末节的社交也稍微放一放，碎片化的信息交流也放一放。从最简单的开始，每天只做三件事：一件关于学习的事，一件关于成长的事，还有一件关于乐趣的事。简单到，哪怕是刷了1个小时的"百词斩"也算成长。重要的不是计划的大小，而是你对计划的承诺。

当你再次感到迷茫时，想象你是在一场无限可能的大迷宫中探险。每个转角都有可能是新的开始。你可能会遇到死路，也可能会找到宝藏。但不论结果如何，每一步都值得庆祝。

这个世界充满了问题，但它更渴望解决方案——而你就是你生命中的解决方案。你不需要成为同济的典型代表，你只需要成为最好的自己。你不是全程陪跑的，你只是在自己的赛道上。一切都还早！一切都来得及！拿出精气神来！祝你万事如意，前程远大，开开心心。

最后我想说，你的"马甲"没有掉，哈哈哈。

李博
2024 年 2 月 2 日

上学期挂了三门,学习还能跟上吗?影响考研吗?

来　信

猫头鹰老师:

您好!抱歉深夜给您写信。我是一个大一的学生,最近处于压力比较大的状态。上学期放松了学习,结果一下挂科了三门。这学期初虽然尽力补考,但是仍然留下了重修的任务,再加上第二学期的课本来就多,从开学到现在都处于疲于奔命的状态。最近预填报了主修专业确认的志愿,却感觉填归填,想去的专业跟我也没有什么关系。我想问一下猫头鹰老师,我大一上学期的挂科会不会影响以后的考研。您觉得我现在努力晚了吗,还能跟上吗,还可以从这个泥潭里爬出来吗?

回　信

亲爱的同学:

你好!非常欢迎你的来信,我理解你目前面临的压力和困扰。对于你的困惑、大一挂科对以后考研的影响等,我想给你一些我所知道的信息和建议,供你参考。

据我了解,绝大多数研究生的录取并不会受到大一挂科的影响。考研的选拔是根据你的初试成绩、复试成绩,而不是特定的学年成绩。大学四年是一个长期的学习和成长过程,一两个学期的挫折并不会决定你未来的命运。正好前两天我也看到一个新闻《两年挂科14门的他,考研逆袭上岸华科》。所以,请不要过于担心大一挂科对考研的影响,而是要把精力放在当前的学习和提高上。

我所了解的、大一挂科跟考研"仅存的一点关系",可能主要是在考研复试阶段。复试时,通常需要提供本科的成绩单,而一些院校或导师可能会关注你的学业表现,或者就你学过的课程进行提问。我仍然记得自己当时考研,是到学校南校区的档案馆复印了自己的成绩单,也还记得考研复试时老师问了我好几个关于"思政理论课"的问题(我硕士是跨专业考的马院的研究生,复试的老师看到我成绩单上的"电路理论""光纤通信"等,稍微有点发蒙)。但是,这种影响相对来说是"软性"的,更多的还是看重复试考场上展现出来的综合素质和专业背景。

大一遭遇挫折,其实也是一种成长的过程。失败并不可怕,关键在于我们如何从中学习、成长。培养"逆商",学会面对挑战和困难,是非常重要的。这样的经历会让你更加珍惜时间和机会,更加努力去追求自己的目标。

大一结束后,我建议你好好复盘,反思过去的经历和教训。分清哪些是自己最想要的,对未来的发展方向做出明确的规划和取舍。同时,努力提高自己的学习成绩,积极参与各种实践和活动,丰富自己的经历和能力,为将来的考研和职业发展做好准备。

另外我想告诉你,现在努力绝不晚。只要你保持积极的心态,努力学习和提高自己,你一定能够跟上并从泥潭中爬出来。相信自己,坚持不懈地追求目标,你一定会取得成功。

前面你提到最近压力比较大，记得积极主动地寻求帮助和支持。不要把一切压力都扛在自己的肩上。学习过程中遇到困难或挑战时，及时向老师、同学或学长学姐寻求帮助和建议。他们的经验和指导会对你有所帮助，也能够给你更多的信心和支持。另外，针对当前的学习情况和课程安排，制订一份合理的学习计划；合理分配时间，有针对性地复习和提高自己的薄弱科目，保持稳定的学习状态，不断提升自己的学业水平；学习压力大的时候，要学会有效地管理自己的时间和情绪，保持良好的作息习惯，注重身体健康，同时学会正确地处理负面情绪，保持积极乐观的心态，以上建议对你应对挑战和困难非常重要。

　　希望我的回答能够给你一些帮助和鼓励。如果你还有其他问题或疑虑，可以随时与我联系。欢迎你来线下找我，正好有一本适合你现在看的书送给你。祝你学业有成，前程似锦！

你的猫头鹰伙伴
2024 年 5 月 19 日

同学靠发"水刊"拿到最高奖学金,而我落选了……

来　信

猫头鹰老师:

您好!我是一名研究生,最近刚评完奖学金。班里的同学花钱发水刊(高额版面费,见刊很快的那种)拿到奖学金,而我却因此错失最高奖学金。向老师反映时,说同学发的这个也在学院期刊目录内。请问我应该怎么办,应该如何调整自己的心态。

(原信较长,收录时有删减)

回　信

同学:

你好!非常欢迎你的来信。你对学院奖学金评选制度的关注,体现了你的观察能力和质疑能力。然而,我想强调的是,评选制度的存在是为了保证大家的权益,以及保障整个奖学金评选的公平公正运行。在我们的学术环境中,规则和制度同样重要。虽然你对同学发表的那篇论文有所质疑,但是事实上,该论文发表的期刊是在学院奖学金评选所认定的期刊目录里的。这是按照现行的规则和制度运行的结果。对于期刊的质量每个人可能有不同的看法,但是我们不能仅凭个人的主观判断来决定一个期刊的质量,这需要更全面、更客观的评估。

关于期刊版面费的问题,版面费并不能直接反映一个期刊的质量,不排除有个别优秀的期刊,为了支持运营确实需要收取一定的版面费。因此，我们不能单纯以版面费的多少来评判一个期刊的质量。如果你对现行的期刊目录有所质疑，还是可以向学院或者学校的相关部门提出，你的意见和建议可能会对未来的制度改进起到积极的推动作用。但在目前这个阶段，我们还是需要遵守现有的规则和制度。生活中会有很多类似的这种看似"不公平"的竞争，我们需要学会理解和接受这个现实，并学会在规则框架内解决问题。只有这样，我们才能更好地适应社会，更好地处理各种问题和挑战。

我更想送给你的话是：你要清楚地认识到，奖学金评选只是对你能力的一种认可，但并不能完全代表你的全部价值。你的价值，不是由一篇论文、一次奖学金评选所决定的。你的学术能力和潜力并不会因为这次的奖学金评选结果而改变。因此，我希望你不要过分在意这次的结果，而忽视了自身的成长和学术追求。

关于你的心态，应该更多地取决于你自己，而不是外界的评价。你可以选择愤怒，你也可以选择释怀；你可以选择焦虑，你也可以选择平静。我建议你可以试着从另一个角度来看待这件事。你可以把这次的经历看作是一次学习和成长的机会，从中反思和学习，以便在未来的学术道路上取得更大的进步。

祝你好运！

你的猫头鹰战友

2023 年 10 月 26 日

送给走在岔路口的选修课小战士

来　信

猫头鹰老师：

　　您好！我近来困惑于一节选修课，老师要求我们自主分组，当我实力不够时，我究竟是花时间搏一搏去掌握小组作业需要的技能，还是直接退课好呢？我很遗憾因为能力不够参与不了这门课，但我又怀疑我是否有时间精力去掌握一些技术完成作业；万事开头难，去接触一个全新领域实在是太容易像晕头苍蝇一样四处乱撞，我又该去哪里找前辈引路呢？

回　信

亲爱的选修课小战士：

　　你好！非常欢迎你的来信。抱歉最近工作繁忙，回复慢了。好多学生在学习的旅途中都会遇到类似的困惑和挑战。我记得我以前大一上选修课的时候，只是贪图某门选修课学分高一点（好像是工程化学），就选了这门化学课。但是我本科的专业是"通信工程"，学了化学对通信工程帮助不大，且我对化学也不感兴趣，这门课完全不能让我学得快乐。所以选完之后觉得很后悔、很后悔，真是被自己的功利心所害。后来我到大二、大三时，再处理选修课程事宜就非常慎重了。大二、大三的选修课选了一些人文社科类的，觉得学得很开心，对我后来硕士阶段的学习很有帮助。

选修课的核心在于"选",这不仅意味着选择适合自己的课程,而且意味着选择一种学习体验。选修课应当是你根据自己的兴趣和发展需要来决定的。这种自由决定的权利,是教育为你提供的一种尊重个人选择和发展个性的机会。你的选择应当体现你的个人意愿和对自己未来的规划。就像在冰淇淋店前挑选口味,是选择熟悉的香草还是大胆尝试辣椒面儿巧克力呢?选择权全在你!

当一门选修课无法达到你的预期,"退选"是"选"的组成部分。如果你发现选修课的内容与你的期待不符,或者这门课本身无问题但是你很难适应,那么退选是你的选择之一。坚持上完一门不适合的选修课,对你而言可能是一种无谓的痛苦。退选正是为了保证你能够得到最适合自己的教育。想想看,如果坚持上一门不喜欢的课,那就像是吃完整桶不喜欢的食物一样(让我想起去年这个时候,我出于猎奇,在某云南饭店点过的"辣椒面儿拌青芒"),为什么要这么对待自己呢?选修课就是给了你这个跳过不喜欢口味的权利。退选不是放弃,而是更明智的选择,是为了寻找更适合自己的学习、成长路径。退选不是逃避,而是策略上的调整,是为了找到更合脚的鞋去奔跑。跳过不适合的选修课,正好可以腾出时间找到适合自己成长的选修课。

所以,面对你当前的困境,我建议你深入考虑自己的兴趣、时间和能力。如果你对这门课程有着强烈的兴趣,并且愿意投入时间和努力去克服困难,那么或许可以尝试继续。可以通过各种方式寻找前辈或者学长,比如网上寻人,比如通过老师,比如可以通过一些线上的课程给自己"开小灶"等。但如果你感到这将过多地占用你的时间和精力，以至于影响到其他学业，或者课程内容并非你所期望的，退选也是完全可以接受的选择。

　　成长是一场马拉松，而非短跑。选择适合自己的节奏和路径，才能走得更远。无论你的决定如何，都应当是出于对自己未来的深思熟虑。祝你在选修课的冒险旅途中旗开得胜！

你的猫头鹰伙伴
2024 年 3 月 19 日

小组作业后倍感心累,该如何面对后续团队协作?

来　信

老师:

　　您好!我想跟您分享一段前一段时间小组作业的经历。老师布置了四人小组做汇报,组队之后建了微信群,四人小组中三个人天天不说话,我在群里讲话也没人理,好几天连主题都定不下来,好累,心态就有点崩了。后来做了分工,有两个人负责搜集资料,整理文案,我负责PPT制作,然后第四个同学负责陈述。但是后来,那两个队友直接复制粘贴了一堆网上的东西,几乎原封不动转给我然后就不管了。我不得不花时间重新搜集资料,转化成自己的语言,重新梳理PPT的文案。

　　中间每次累的时候,我都是想着能者多劳吧,自己多做一点,但是到了最后好像PPT从设计到文案到美工就是自己一个人做的。后来花了很长时间总算做了一个30多页详略得当并经过美工设计的PPT。但到了最后汇报的时候,负责汇报的同学根本不熟悉内容,照着上面的字念,甚至都念不好。讲完之后,得分不高,还被老师批评没好好准备。都说个人作业是人累,小组作业是心累。真不知道以后应该怎么面对小组作业。

回　信

亲爱的同学:

　　你好!你的故事让我想起了那些团队作业的战场,我们每个人都或多或少有过类似的经历。这些经历往往不仅仅是关于作业本身，它们更是关于团队协作、沟通和领导力的课堂。

记得以前有人在网上讨论，为什么部队要经常演习？下面有人跟帖回复说：想一想你们公司的集体外出活动就知道了，有赶车迟到的、有忘带证件的、有记错日子的。部队平时不演习，到了战场上不知道要闹出多少笑话。

这次的小组作业"演习"，首先给你未来的职场生涯提前积累了"抗压能力"。让我们先谈谈团队合作的"磨炼"。是的，它有时会让人感觉像是在翻越一座又一座的山峰。但正是这些不断的攀爬，锻炼了我们的耐力和决心。当你在学校就经历了这些，实际上是对未来职场的抗压性演练。抗压能力绝不是轻轻松松可以获得的，而是在面对困难和挑战时逐渐累积起来的。你在团队作业中的投入和努力也值得赞扬。尽管结果并不完美，但你付出的努力、你在过程中学到的东西，以及你关于团队合作的深刻洞察，都是不可多得的宝贵财富。

这次"演习"还告诉你，以后在有条件的情况下尽量选择合适的队友。团队合作之所以充满挑战，正是因为它涉及个体与集体之间微妙的平衡艺术。每个人都是一个独立的世界，拥有自己的思维方式和行动模式。当不同的世界汇聚在一起，如何协调各自的轨迹以达到共同的目的，就成了我们必须面对的哲学问题。关于选择合适的队友，这确实是一门艺术。在有条件的情况下，与那些你认为能共同奋斗、互相支持的人一起工作，会让团队的旅程更加愉快。但现实往往不那么理想，我们不总是能选择自己的队友。这时，勇敢地"管理"团队成为必要，你已经有了这方面的尝试，这是非常宝贵的。这也是我要说的下一个话题。

遇到不合作的队友时，尝试更大地提升自己在团队中的影响力。在项目进行中，需要明确的沟通和分工，设立清晰的期望和截止日期，并及时跟进每个人的进度。如果有人未能履行职责，你不妨直接而礼貌地提出来。有时候，一个人的声音足以唤起整个团队的意识。另外，提出修改建议，并帮助队友改进，这不仅是对他们的帮助，也是对自己责任感的体现。当你发现队友的工作不达标时，要勇于指出并提供指导，这是真正的团队精神。成功的团队不是一蹴而就的，而是在不断的摩擦和调整中逐渐成熟。你已经迈出了正确的第一步，坚持下去，你会发现自己在团队中的角色和影响力在不断增强。在你未来的团队之旅中，愿你拥有智慧的洞察、勇敢的心和不屈的精神。每次回首，你都会对自己说："这一切，都是值得的。"要提高管理能力和沟通能力，以下几本流行的管理学书籍可供你参考：《高效能人士的七个习惯》《非暴力沟通》《五个为什么》等。

最后我想说的是，不要让这次的经历让你对团队作业失去信心。反之，它应该成为你成长的垫脚石。在每一次不尽如人意的合作之后，你都会变得更加坚韧、更有智慧去面对下一次挑战。

阳光下最灿烂的笑容是哪一种？我猜，是熬过了长夜，等到了黎明的那一种。从你的信中，我仿佛看到了你经历了一段"漫长的夜晚"，但别忘了，每个日出都意味着新的开始。每一次困难的团队作业，都是对你个人能力的挑战和锻炼。它们教会你更多关于人性的真理，让你认识到：在多样性中寻求和谐，在分歧中找到共识，是人类合作的永恒主题。希望你能以最活泼愉快的心情结束阅读这封信。加油！期待听到你下一次的团队故事。

李博
2024年1月22日

德语考89分得良就比考90分得优的同学差吗？

来　信

老师：

　　您好，我很不理解绩点制度的意义到底是什么。几天前我发现我的德语成绩得了良，但是在整个学期学习的过程中，我确信自己掌握了所要求的语言技能，也取得了非常大的进步。同时我认为学习一门语言最重要的在于能够运用这种工具去理解一个完全不同的文化和一个更大的世界。我很喜欢戏剧和电影，因此自学过许多欧洲语言，成绩也一直很好。然而这次良十分打击我，我总评仅仅差一分就能拿到优，可能只是因为一次小测分数不够高，而那次小测也不允许学生查看试卷。我从来不认为，我对于外国语言的爱和能力可以被一个分数衡量。我真的看不到这种一分决定的绩点制度意义在哪里，仅仅因为我是89分，难道我就比得90分的同学能力更差吗？

回　信

亲爱的同学：

　　你好！非常欢迎你的来信。首先我要感谢你对教育和语言学习的热情，以及你对"绩点制度"提出的深刻质疑。你的来信表达了对语言学习真谛的深刻理解和对现行教育评价体系的反思，这种思考本身就是教育最希望看到的成果之一。在这里我简单谈一些感想，供你参考。

绩点制度并不完美，确实可能无法全面反映学生的所有能力和努力。绩点制度是一套量化学生学术成就的工具，其设计初衷在于为学术表现提供一个标准化的衡量方式。它使得不同课程和学生之间的成绩可以有一个相对公平的比较基础，也为教育管理提供了便利。然而，正如你所体会到的，这套系统并不完美，它可能无法全面反映学生的学术素养和努力，特别是在诸如语言学习这样的领域，真正的精髓往往是难以量化的。一个分数，或者一个等级，确实无法全面代表一个人对语言的掌握程度，更无法衡量一个人对文化的理解和对世界的认知。学习的过程本身应该是丰富和多元的，不仅仅是成绩上的追求，更重要的是知识的内化和能力的提升。你在自学多种欧洲语言的过程中获得的洞察力和能力，以及你通过戏剧和电影对不同文化的深刻理解，这些是任何评分体系都无法完全评价的。

现行的教育制度需要一个打分制度，而绩点确实能在某种程度上起到衡量学习效果的作用。对一种语言的热爱和学习掌握情况或学习能力情况，属于人的内在素质，看不见、摸不着，无法直接进行衡量。但根据社会需要（包括就业市场需要）而诞生的大学教育制度，以及语言学习制度（即课程的设置）决定了必须找到一种外在的、可操作的衡量办法，否则无法证明一门课程结束了。一门课程不结束，老师就没有资格拿到工资糊口，学生就没有资格获得课程结业证明，进一步的，学生就无法最后获得毕业资格，从而就无法凭借毕业文凭，在就业市场找到比没有毕业文凭的人更高物质待遇和社会地位的工作岗位。打分就是这样一种衡量学习成绩或显示学习能力的办法。用打分这种定量办法来衡量一个人学习成绩或显示学习能力的科学性根据，就在于一个人对学习的热爱和投入，多多少少地会表现出来，并能被大家观察到，能进行具体衡量。比如能回答一定的题目、完成一定的演算、设计一张图纸、完成一幅画作、写成一篇论文、谱写一首曲子、演唱一首歌曲或完成一个实验。

前面我们讨论过，用定量化的分数去衡量不同同学的课程学习情况，当然不可能具有绝对准确性，特别是对两个非常接近的分数。比如一个是89分，一个是90分，一分之差，并不能说明两位同学的课程学习能力上存在根本性差距，这种差距最多是量变意义上的差距，而不可能是质变意义上的差距。但是除了用分数差距，还能用什么办法来衡量二者的区别呢？另外，从质变意义上看，89分和90分是没有区别的，但是奖学金总数量、保研名额、其他各种奖项的数量却总是有限的，不可能人人均享。所以只能采用划分分数段的办法来解决。89分只能给良，90及以上分数才能给优。另外有时候，微小的分数差距也具有决定性的意义。比如59分和60分。前者就只能被判为不及格，课程不能结业甚至最后不能毕业。因为相较于没有获得大学毕业文凭的人，拥有大学毕业文凭在就业市场上代表着更强的市场竞争力和工作质量，找到更高待遇工作岗位的概率更大一些。所以我们现在所能做的就是，把接下来的课程学得更好，争取更高分数，或者在未来工作中创造更大的业绩，来证明我们的真实学习能力水平并不是良而是优。

你的学习热情、探究精神以及对知识的渴求，这些才是教育过程中最宝贵的部分。我鼓励你继续追寻你对语言和文化的热爱，因为这份热爱会引领你走向更广阔的世界，开启更深层次的理解和交流。学习不仅仅是分数上的竞赛，更是心灵和认知上的成长。愿你不因一时的挫折忘记了自己学习的初心，继续在语言的海洋中遨游，发现更多的知识宝藏。

最后我想说，暂时的不顺不仅不能完全说明最终的结果，甚至是你后续最终胜出的必要条件和重要动力。有时候，即使我们更加努力了，也并不能 100% 保证学习成绩或工作业绩就一定是优等，因为我们自己的主观能动性并不是决定自己成绩或业绩的唯一因素，决定我们成绩或业绩高低的，还有我们个人主观不可控的外在不确定因素。谋事在人，成事在天，做好自己的事情，结果就随它去。重要的是努力，而不是结果。结果你控制不了，但结果会不断地发生改变。来日方长，好戏在后面，你就是这人生好戏的主角之一。终点的胜出才是真正的胜出，笑到最后的才是真正的赢家。

如果你有任何更多的疑问或需要帮助，欢迎随时与我联系。祝你学习愉快！相信未来可期。

李博

2024 年 1 月 29 日

精益求精的作业仅得良,要如何维系我的爱与热情?

来　信

老师:

您好!我是一名建规大类大一的学生。我从小就特别热爱建筑,热爱设计,所以我入学以来在专业课上特别认真努力。每次做作业都保质保量地完成。有时候甚至会精益求精到强迫症的程度,因为我热爱我的作品,只求无愧于自己的初心。每堂课上,老师也给予我高度的认可,很多节课上他都会当众表扬我。

结果昨天查成绩的时候,居然发现我专业课只拿了一个良。问了班上不少同学都拿的优,但我感觉平时他们的作业质量没有我好,或者态度也没有我那么认真。可能您会觉得我过于自负,但我确实付出了很多心血,收到的反馈也很好,内心里是真的觉得我应该得优的。只有一次作业,我感觉画得不是很好,出了一点问题。但是当时身体不好熬不了夜。然后我没有按时交,是补交上去的,但是老师说过是可以补交的。最后补交的图也画得非常认真。就是因为那一次迟交了一天,而让我整个成绩从优变成了良,我感觉非常痛苦,非常迷茫,难道我们的大学生活就必须要处处都如临深渊,如履薄冰吗?那也太苛刻了吧?

我感觉现在老师的评分特别主观,消磨掉了真正热爱真正认真的人的初心,让我们越来越焦虑,生怕自己哪里做错了。我最害怕的就是我发现自己对建筑和设计的爱,有点难以维系下去了。因为实在感受到的焦虑和痛苦大于成就和快乐。我想知道这样的教学模式和评分方式是否过于主观，过于片面，而忽略了客观上学生成长的进程呢？

回　信

亲爱的同学：

　　你好！收到你的来信，看到你对建筑设计的热爱和你在学习上的努力，我感到非常欣慰。同时，也感受到了你因成绩而产生的失落和迷茫，我想首先告诉你，你的感受是被理解和尊重的。

　　你对专业的热爱和追求精益求精的态度难能可贵。这种对自己严格要求的精神，将来无论在哪个领域都会成为你的宝贵财富。你提到的那次作业延迟交付的情况，我能理解你因为身体原因无法按时完成作业的无奈。在教育过程中，有时候确实会存在一些规则和制度，它们的初衷是培养学生的责任感和时间管理能力。但同时教育也应该充满人文关怀，考虑到学生的实际困难。就你的情况而言，如果你已经尽了最大努力，并且老师也允许补交，那么那一次的延迟交付应该不是影响你整个成绩的决定性因素。另外，成绩只是衡量学习成果的一种方式，它并不能完全代表一个人的知识水平和专业能力。重要的是，通过学习过程，你学到了什么，你的思考有了哪些深入，你的设计理念有了哪些创新。

　　保持对自己的信心，同时保持自我批判的清醒和对专业评价的尊重。在你的学习研究领域中，个人的风格和独特性是非常宝贵的，保持对自己作品的信心非常重要。当你对自己的作品有足够的了解和信念时，即使在评价上遇到挑战，也能保持内心的平静和坚持。但与此同时，尊重教师的专业性是你学术旅程中一项极其重要的态度。老师们是你宝贵知识的传递者，他们的评价和建议往往基于深厚的专业知识和丰富的教学经验。每一次的评分都是老师对你学习成果的专业判断。如果结果不尽如人意，不妨心平气和地主动寻求反馈，理解评分背后的原因。这不仅是对老师专业性的尊重，也是对自己学习过程的尊重。通过这样的互动，你会发现自己对建筑学的理解更加深刻，对细节的把握更加精确，这对于建筑设计的学习来说至关重要。今后，你还要无数次面对别人的评价，在面临评价时，既要保持自我评判的清醒，也要学会理解和尊重别人的观点。每一位批评者的意见都可能成为你成长的阶梯。每一次的反馈都是你与社会和文化对话的机会，让你的作品更加丰满和成熟。

　　另外，要充分认识到文科和艺术类的工作成果评价本来就具有主观性。关于你提出的教学模式和评分方式，我们非常期待"教育和评价系统更加全面和客观"。我们也经常期待这种评价系统应该多元化，并考虑学生的努力程度、创造力和实际能力的提升。但我们要意识到，对文科和偏艺术类的工作成果的评价本身就带有一定的主观性，难以用简单的数据验算和实验结果来衡量，有时候追求的是一种情感共鸣和审美体验。在文学和艺术的世界里，每一个作品都是独一无二的，它们代表着创作者的视角、情感和思想。一篇文章、一幅画作、一个建筑设计，都是艺术家与观众之间情感交流的桥梁。因此，这些作品的评价标准是多元的，包含了审美标准、文化背景、创新性等多个维度。不同的评审可能会根据自己的经验、知识背景和个人品味，给出不同的评价。面对这样的评价体系，确实需要你有一定的心理准备。在今后的学习和研究中，你或许会遇到观点和评价的多样性，也可能会面对主观性带来的不确定性。这是文科和艺术领域的一个特点，也是其魅力所在。因为它们讲究的是对人类经验的深刻洞察，对情感的细腻捕捉，对美的独特理解。在你的建筑设计学习中，这种主观性同样存在。建筑不仅仅是技术和工程的结晶，更是艺术和文化的体现。当你设计一个建筑时，你不仅要考虑其功能性，还要考虑其美学价值和文化内涵。你的设计会触动人们的情感，引起共鸣，这正是建筑师艺术创造力的展现。

对专业的热爱不要因为外界的评价而改变。我鼓励你继续保持对建筑设计的热爱，保持你的初心。当外界评价不如预期时，请记住：这只是你成长路上的一个小小考验。你的价值不是由一个成绩来定义的，而是由你的能力、你的创新思维、你的热情，以及你对这个领域的长期贡献来定义的。对于你现在的感受，我想分享一些个人的经历。在我的学术生涯中，也多次经历论文投稿被拒，那份迷茫和挫败感我深有体会。但我坚信我的研究是有价值的，于是继续修改、投稿。同样，你对建筑的热爱是源于内心的，它不应该因为外界的评价而有所动摇。真正的热爱，应该是自我驱动的，是不断自我完善和超越的过程。在你的学术旅程中，无论是在建筑设计，还是相关的学术研究中，都请你牢记，创作和研究的过程本身就是一次次对自我认知的深化，是一场心灵的探险。评价只是旁人的观点，而你的旅程和成长远远不止于此。

在未来的日子里，可能还会有各种挑战和困惑出现。面对这些时刻，希望你能够回想起自己为什么会选择建筑，想起那份最初的热爱和激情。让这份热爱成为你最坚实的支持，让你在任何困难面前都能够充满力量。请相信，你的努力和才华总有一天会得到应有的认可。祝你在建筑的道路上越走越远，不断发现新的可能，不断实现自我超越。再次感谢你的信任和开放地分享你的心声，我将一如既往地支持你，期待你有更多的精彩作品诞生。

李博

2024 年 1 月 15 日

3

迷雾寻径，柳暗花明

生涯规划与个人发展

刚读大一就感觉自己选错了专业怎么办？

来　信

老师：

　　您好，我是一名大一新生，最开始是因为很喜欢同济的某个特色工科专业选择来到同济，但由于各种因素进入了同舟学堂，现在有转专业的打算。可是让我很纠结的是，经过这段时间的学习和过去高中学理科一路过来的感受，我清楚认知到我并不适合理工科，成绩也不够好，转专业怕是比较困难，我该留在现在的工科班级学着没有那么喜欢且对我来说又很难的专业，还是努力冲一把转去喜欢的工科专业但同时还得继续学习令我头疼的数理化，又或是结合我自身的情况转而去学习较为喜欢但在同济并不强势的人文类专业呢？望您能指点一二，万分感谢！

回　信

同学：

　　你好。欢迎来信，很高兴能和你相遇在同舟学堂。虽然来到智慧建造与低碳环境大类可能并非是你最初的理想选择，但我相信我们学校大一期间的大类培养可以给你将来的发展打下坚实基础。

　　信中你说自己对生涯发展、道路选择方面有些困惑。我的第一反应是：好像不需要那么着急。很多人在选择专业和职业时都会感到困惑和迷茫，前一段时间看了一位院士关于科研的讲座实录,他提到:"我直到博士毕业,对研究也没兴趣,很迷茫,不知道将来干什么。"就连院士都曾在博士阶段迷茫过,更何况才大学一年级的你呢?

由于今后你的很多选择都是基于你大学一年级的成绩,所以当务之急还是做好一年级期间生活和学习的适应。前几天正好有一位环境学院的老师(剑桥大学毕业的博士)在我朋友圈下面留言,我感觉好像是特意为你写的。借她的这段话正好可以传达我的观点,原文如下:其实我觉得大学迷茫是非常正常的状态,可以慢慢想想自己想要什么,不要着急,多尝试一些课程、讲座、兴趣爱好等,找到自己喜欢的或者擅长做的事,即便很长时间没找到也没关系。当你觉得烦躁不知所措没有方向的时候,最好的选择就是先做好当下的事,比如认真听每一节课,认真对待每一次作业,认真锻炼身体,等等。总之,不断提升自己总是没错的,这样一来,等自己想明白想要什么了,就可以以最好的状态去做选择,也尽量让自己的选择不要受限(比如考试成绩不够去不了喜欢的专业,能力不够找不到喜欢的工作,等等)。

回到你的来信。在信中你提到了三个选择,一个是你说的"某个特色工科";第二是目前的智慧建造与低碳环境大类下的专业;第三是人文类专业。无论你选择留在现在的大类继续学习,还是努力转去你喜欢的工科专业,或者去学习你喜欢的人文类专业,你都需要考虑自己的兴趣、优势、目标和未来规划等因素,然后做出最适合自己的决定。我个人的建议是:看待第一个"某个特色工科"要有长远的眼光。因为专业的热度、特色都是随着时代而变化的。我本科读的是同济大学电子与信息工程学院的通信工程专业，那个时候同济大学的土木工程专业就是别人眼里的"特色工科"，我当时一直在"仰望"土木人。但是现在我感觉，仅从专业热度上来讲，"通信工程"要比"土木工程"更为火热。不过这两年随着土木学科的智能化升级，同济大学的"智能建造专业"又成了主修专业确认时热度非常高的专业。对你正在读的智慧建造与低碳环境大类，目前则是踏踏实实学好每门课程，给明年6月的专业选择做好绩点的预备，另外说不定在认真的学习中有许多意外收获。

对于人文类专业，我倒是觉得不要纠结于外人对同济大学文科的刻板印象。其实同济大学的文科专业经过这么多年的发展已经有了长足进步，且同济大学的背景足以给你考国内任何一所高校文科研究生的底气。

愿你找到自己的热爱！没有热爱怎能支撑今后几十年日复一日的职业生涯？也希望你在未来的道路上一切顺利，欢迎有空来办公室找我面谈。

李博

2023年9月14日

给一位夜不能寐"济勤仔"的回信

来　信

猫头鹰老师：

您好！我来自济勤学堂，近期常常夜不能寐（可能也有期末周的原因，但一失眠总会想些东西），心中有些关于学业和生活上焦虑的东西，希望能得到您的帮助。

最焦虑的问题在于，绩点和保研的事。这些事我想从头说起，或许只是想诉说一下，有部分内容您可以适当略过，请原谅我可能会有些啰嗦。

高考出分以后，我的分数破天荒地达到一个高峰，是我从未设想的一个高峰。因此我的志愿考量中才得以出现同济，当时我请教了同济的学长（他也是济勤出身，后分流至软件）。他给我的建议是，如果奔着软件或者计科这种热门专业的话，还是需要再三考量，要做好再苦战一年高三的准备。初生牛犊不怕虎的我很向往上海这个城市，也天真地认为自己能够"卷"得起来，能够"卷"得进热门专业。

可是，大一上的期中考试就给了我当头一棒。看着身边很多同学的高数、英语成绩都能达到八十九十，而自己没有及格，心中有很大的落差，迷茫，慌张。后来我反思了原因，应该可以归结于上大学后的松弛感让我对学习很不上心，我更想娱乐、出行，甚至是去兼职，这些事情给我很大的满足感，而学习却让我很厌倦，所以前半学期是一种摸鱼、得过且过的状态。经历期中考试后，我有了危机感，于是开始改变日常的计划。每天晚上都会找时间到图书馆去学线代、学高数、学英语，虽然中途会忍不住玩手机，但相比前半学期，学习的时间有所增加了。

即便如此，我对自己能学到的知识并没有很大的把握。尤其在今天考完线性代数以后，我破防了。我彻底破防了。有好些题我做不来，但我知道这个题的难度不大，但因为我平时不怎么练，所以做不来。

好了，下面也许才是重点，前面那些大概只是我想铺垫的一些废话。

关于绩点。高中的时候唯分数论英雄，我曾幻想，也许大学不会这么看重学习，但现实是残酷的，大学也十分在乎学习。因为学校的大类招生政策，按绩点的高低分流专业，我会因为绩点低而选不到自己喜欢的专业。我曾好几次想，自己的高考志愿是不是选错了？如果当初选了一所分流政策没这么折磨人的学校，是否今天就不会因为只盯着绩点，什么事情都要和自己的绩点挂钩呢？自己会不会真的要去测绘和光电呢？（并非说测绘和光电专业不好，只是在信息类专业中，济勤的同学们都不太喜欢这两个，所以最终会是绩点低的人的选择。）是不是以后真的去学习一个看名字就不喜欢的专业？（有了解了专业的具体情况，但也不是很喜欢。）好几次我都安慰自己，随便去一个专业也无所谓啦，反正你已经是同济人，已经遥遥领先了，但过一段时间还是又产生这种焦虑感。绩点真的很重要吗？我时常问自己，但我永远给不出答案。因为没有高绩点，就不能选好专业，就不能保研。所以每当我想起寒假回母校宣讲的事情,我又再反问自己,你真的要宣传同济吗?你真的不会因为分流而劝退学弟学妹吗?你真的忍心看着他们再一次和你自己产生相同的焦虑吗?所以,绩点问题,我该怎么看待呢?

关于保研。当初,我是一个很向往保研的人,原因可能是我觉得保送、推免这几个字就很风光。但经历一学期后,预感自己的绩点会出奇地难看,于是我对保研失去了信心。但也让我问了自己几个问题:我为什么要保研?我为什么要是研究生?本科毕业不能就业吗?就一定要"研"吗?我很疑惑这些问题,自己也无法解答这些问题。对于"研",我只是看到身边的学长学姐们都选择了读研、考研、保研,听讲座时老师们建议这个专业要"研"(测绘),而我现在是低绩点状态,既没有选择专业的优先权,更别提保研了。所以我的出路是什么呢?未来的迷茫感更加强烈。尤其是看到高中的同学们(他们也在同层次高校),他们的高数出奇地厉害,拿优的那种,就更加焦虑了。

好了,我的诉说就到此为止了,篇幅太长,希望您能谅解。期望能得到您的回复,谢谢。

回　信

亲爱的同学:

你好!抱歉回信慢了。之前你的来信不知何故被邮箱放到了"垃圾邮件"里,还好前两天检查邮箱的时候发现了你的来信。

我想告诉你的是,没有任何一封信会因其真诚而显得啰嗦,你的来信充满了对未来的思考和自我反省，这本身就是一种成长。你现在的状态，就像是刚刚步入一家自助餐厅的顾客。眼前琳琅满目，你既想尝试每一种菜品，又害怕吃太撑。告诉你一个秘密：大学就是这样的自助餐，但它不仅仅提供食物，还提供知识和经验。你可以尝试一点娱乐的甜点，再来点旅行的沙拉，当然，还有不可或缺的主菜——你的专业学习。来信所涉及的内容很多，接下来我尝试逐一回应你的焦虑点，并尽我所能提供一些建议。

关于高考和自我定位问题，首先请你放下"曾经超常发挥"的心态。同济大学的录取是对你努力的认可，而不是偶然。每个人都有自己的节奏和闪光点，你的高峰时刻正是你潜力的体现。请记住，你是凭借自己的能力走到了现在这一步，也将凭借自己的能力继续前行。今后如果你善于系统总结参加高考时所达到的"超水平状态"与自己高中平时考试状态的差别的原因，那么你的学习成绩肯定可以较快地提升上来。

关于探索和热爱的问题。大学是一个探索自我、认识世界的绝佳阶段。你提到的娱乐、出行和兼职等活动，并非与学业对立，它们可以是你了解自己兴趣和热情的方式。不妨把这些活动视为自我探索的一部分，而不是逃避学业的借口。同时，试着将你在这些活动中感受到的满足感与学习相结合，找到学习的乐趣，让知识成为你新热爱的源泉。

关于本科阶段的迷茫，你所感到的不确定性是很多人在这个阶段都会经历的。关于未来的迷茫，这是一个既普遍又个体化的问题。不同的人有不同的解决方法，但有一点是共通的：迷茫不是终点，而是新旅程的起点。你的同学们各有各的道路，你也会有自己的道路。专业的选择确实重要，但更重要的是你如何在所选择的专业中寻找到自己的位置，如何在基础学科中培养出属于自己的独特视角和能力。请相信：每个学科都有其独到之处，关键在于你如何发掘并将其与你的兴趣结合。别人眼中、心中的热门专业，不一定等于四年后的热门专业，特别是像IT业这种一日千里迅猛发展的技术、专业和行业。别人眼中、心中的热门专业，也不等于自己喜欢的专业。自己还没有集中学习过、体验过，怎么就能证明自己一定喜欢？别人眼中、心中的不热门专业，比如光电、测绘专业，也不等于自己就一定不喜欢，社会上的热门和自己的喜欢不是一回事。热门专业不一定适合自己，不一定是自己热爱的专业。适合自己的专业才是更好的专业；自己热爱的专业，才是最理想的专业；遵从内心最重要，也最难。

接下来讲一下绩点和保研的问题。绩点确实是大学评价学术表现的一个指标，但它不是衡量你个人价值的全部。留给自己一些空间去犯错，去尝试，去探索。如果专业的门槛成了压力的源泉，请试着从不同角度看待这个问题：即便不能进入你最初喜欢的专业，也许你会发现新的兴趣和激情。来信中你说觉得保研很风光，这并没有什么不对。但好像没有细细思考自己为什么要读研这个问题。这个问题解决不了，大一阶段出现的学习滑坡和焦虑问题肯定会再次出现，因为读大学、读研、读博非常类似于攀登科技高峰的过程，必然是越来越陡峭、越来越艰难，卷面分数总体上会呈现下降趋势，始终保持门门功课优秀的人数，研究生比本科生低，博士生比硕士生低。当你开始理解研究生教育的真正意义，并基于自我发展的需求做出选择时，你会发现答案自然而然地出现。

其实即便不能保研，考研同样是一个深造的途径。每年通过考研而进入一个更心仪的学校和专业的同学不在少数。考上研究生一点不比保研来得丢人，而且考研完全靠的是自己的努力，同样值得自豪。通过自己努力得来的读研机会，往往比保研得来的机会更容易被自己珍惜。考研独有的基础课程和专业课程的系统复习和强化训练过程，也是将来在读研时的优势，往往是保研同学不能比拟的，因为他们多多少少缺少了这方面的经验。这是我通过考研而读研的切身体会。

请允许我总结一下：你现在所经历的一切，无论是焦虑还是迷茫，都是成长的一部分，这些体验将帮助你更好地了解自己，找到自己的方向。现在你需要做的是坚持自我探索，勇于尝试，学会从经验中学习，从挫败中反思。希望我的回复能为你的大学自助餐添上一勺调味品，让你的选择更加多彩。每个人的餐盘都是独一无二的，享受这一过程，让你的每一次选择都成为你人生菜单中的佳肴吧！愿你能够找到自己的节奏，走出属于自己的精彩人生。

你的猫头鹰伙伴

2024 年 2 月 5 日

人文大类新生的小迷茫：如何面对专业分流

来　信

老师：

　　您好，我是人文大类的一个大一学生。寒假的时候和家里长辈交流了专业选择的相关事宜。之前考虑过很多种换专业的方案。比如作为插班生去别的学校读文科（因为没有喜欢的专业，也不一定成功，感觉付出和回报不相匹配，所以没有努力准备）、想往工科方向转（但由于高中没学理化并且并不擅长，会相当吃力，就渐渐放弃了）。后来我个人有转工业设计、城乡规划等专业的想法，因为对画画算比较有兴趣，我在和长辈交流前基本确定努力冲这个方向。

　　但讨论下来，长辈仍然建议我去读本大类能够分流到的汉语言专业，因为他们认为就业前景会比较好一点，至少有考公机会保底。不过抱着多少还是试一试的心态，长辈还是让我先继续准备转专业的考试练习。长辈好像默认了我会留在上海工作，为此他们也付出挺多的，但我不知道如何选择才能做到留沪生存下去不辜负他们的苦心。现在陷入了纠结和迷茫的状态！不知道文科生的出路在何方。

回　信

亲爱的同学：

　　你好！非常欢迎你真实、诚恳的来信。你的困惑我能够感同身受，于是用"新购买的鹅毛笔"（Bushi）迅速给你写下这封回信。首先，让我对你能与家中长辈坦诚交流选择专业的事情表示赞赏。这不仅是一个成长的标志，也是对家人尊重和理解的体现。而你所展现出的对未来的谨慎考虑，更是难能可贵。在这里，我先简单谈几个感想供你参考：

充分认识到"喜欢"和"擅长"之间的区别。在你的来信中，你提到了对绘画的兴趣，以及对规划、设计类专业的考虑。工业设计、城乡规划，这些听起来就像是艺术与科技的浪漫邂逅，这两个专业也是同济的王牌专业。你对绘画的兴趣也许会照亮你通向创造与设计的道路。热爱绘画是美好的，然而兴趣并不等同于特长，就像是喜欢听交响乐并不等于能够指挥一场音乐会。兴趣是起点，特长则是在不断学习和练习中积累起来的技能，它需要时间来打磨，需要汗水来灌溉，才能开花结果。如果确实是擅长绘画和形象思维，确实可以冲一下工业设计、城乡规划等；如果仅仅是有兴趣，则要三思。

充分认识到汉语言专业的"时代价值"。汉语言专业听起来有点"古典"，像是一本厚重的古籍，承载着文化的精髓。汉语言是文科专业基础中的基础，不论将来考公，还是去企业或去部队搞文字工作，都是用得上的。如果你把汉语言基础打牢，再读个汉语言专业研究生，把文言文基础打牢，同时精通一门外语，在我们突出强调重视中华优秀传统文化、提升国际话语权、进一步扩大开放走进世界舞台中央的时代背景下，这样的汉语言专业的毕业生，肯定不会在国际化程度不断提高的上海找不到好工作。另外，人工智能大模型发展也需要汉语言专业的人才。现在大模型训练的材料绝大多数来自英语，因为全世界用英语的人数有 20 多亿，但大模型训练的汉语材料太少了，既不利于中国大模型的发展，也不利于中国人工智能和其他方面的发展。Sora 的出现告诉我们，文字功夫比视频功夫更加重要。将来，为人们运用人工智能服务自己时，设计"提示词"可能会成为一个专业。汉语言专业发展的风口来了，用武之地有了。

但不宜过分夸大汉语言专业的"考公优势"。汉语言文学专业确实与"考公"适配性比较强，但公务员系统需要各方面、各个专业的人才。我们在读书期间所培养的批判性思维、问题解决能力和项目管理技巧，都是公务员岗位所看重的能力。现实中，许多专业都是可以考公务员的。譬如环保局可能要招环境专业的学生；商委可能招工商管理专业的学生。之前你提到的工业设计、城乡规划专业，毕业后完全可以考虑走向公职领域，投身于国家机关或公共管理部门。在这些岗位上，不仅可以将所学的专业知识服务于社会的更广阔领域，还能从事政策制定、城市管理和文化建设等工作，发挥专业优势，实现个人价值。

在我之前回复同学的来信中，提到"你自己是最大的变量"。文科生的出路，其实就像是一张白纸，等待着你用知识和智慧来描绘。你可以成为传播文化的使者，可以成为洞悉人心的作家，可以成为社会变革的推动者。文科，就是那扇通向无限可能的门。愿你找到自己的热爱！毕竟，热爱才是最好的催化剂，让你在任何一条路上都能走得游刃有余。

期待你的好消息，就像期待春天的第一朵花儿，绽放在生命的枝头。

李博
2024 年 3 月 1 日

想入伍圆军旅梦又怕退伍后学业跟不上……

来　信

猫头鹰老师：

　　您好！我是一名大一的学生，目前有个想法，想参军入伍圆自己卫国戍边的军旅梦。但是参军是两年时间，我又担心复学之后学习跟不上。请问您有什么建议吗？

回　信

亲爱的同学：

　　你好！非常欢迎你的来信。首先我想说的是，你想要实现军旅梦、立志为国戍边的想法让我深感敬佩。你的这份志向展现了你的爱国心、责任感和担当精神。读到你的来信我有不少的共鸣，因为我在本科阶段和同学一起报名过"在校国防生"的选拔，后来因为视力问题我没能正式入伍，想起来还是有一点点的遗憾吧。不过在我同学入伍之后，我戴着他的大盖帽拍了一张照片，哈哈，算是对遗憾的弥补。

　　来信中你坦率地说出对于参军入伍后学业问题的担忧，这也让我看到了你对学业的重视和对未来的期待。这种平衡和权衡，是我们在成长过程中都需要学习和掌握的。

　　你对学业的担忧我非常能够理解。毕竟学业发展、学术研究是要有思维连贯性的，以前学过的知识如果不勤于复习也会遗忘，从军旅生活回到学校生活，中间的转换也确实需要一段时间适应。然而从另外一个角度讲，在军营中锻炼出的坚韧品质、淬炼出的火热灵魂，又有助于你以后战胜在学业和生活中遇到的困难。其实我们学校就有许多退伍大学生，退伍之后成绩优异并多次荣获奖学金。

假如你顺利参军入伍，建议你提前做一些准备。比如，你可以在休假期间，复习一下之前的功课，提前预习一下你即将学习的课程。你也可以和你的老师、你的同学保持联系，了解一下学习的进度和情况。这样，在你复学后，就能够更快地适应学习环境，更好地投入学习中。

在我们学校，有很多资源可以帮助退伍大学生克服学习困难。例如同济大学有"学生战友协会"，这是一个主要由退伍大学生组成的组织，大家可以互相帮助，分享自己的经验和建议，帮助你更好地适应校园生活。此外学校还有"学业发展中心"，如果你在学业上遇到困难，那里有专门的导师和咨询师可以给你提供帮助。

最后我想说的是，你在做这个决定时，一定要综合考虑自己的情况，包括你的专业学习情况，你的个人兴趣，你的未来规划，甚至你的身体状况，等等。这是一个重要的决定，需要你认真思考、综合研判后做出决策。

今天的回信只是基于我个人的理解，后续如有可能我会邀请退伍大学生来给你作一个专门分享。对你来说，无论做什么选择，都大踏步走、不要畏惧，无论路途如何，只要你有决心和毅力，我相信你一定能够走到你想去的地方。无论最后是否入伍，我都祝愿你初心不改！

你的猫头鹰伙伴

2023 年 12 月 19 日

考进新闻学专业,佛系内向的我如何应对未来?

来 信

猫头鹰老师:

您好!我是新闻学专业的大一学生,目前在上海就读。今年的高考填报志愿阶段,正好赶上网上对新闻学专业的讨论,说这个专业是天坑,家人劝我不要报。而我由于喜欢这个专业,最后还是报了新闻学。我自己有点内向,也有点佛系,班委选举、社团什么的都没有参加,感觉个人精力有限。但我的家长总是跟我说要开展一些社会活动,这让我有些焦虑。班级里目前学习氛围也一般,有时候我在寝室学习,别人还会说你怎么这么"卷"。想想几年后的就业、升学等,我又觉得应该好好努力,但又不知道自己的方向。请问您有什么建议吗?

回 信

亲爱的未来新闻人:

你好!非常欢迎你的来信!看到你的来信,我仿佛看到了一个勇敢追梦的灵魂,站在十字路口,揣着梦想和些许迷茫。首先,为你能坚持自己的选择,选择了心中所爱的新闻学专业,我感到由衷的敬佩和高兴!

你在信中提到的焦虑和困惑,是每个人成长必经的阶段。记住,这个世界永远需要那些有勇气说"我不一样"的声音。新闻人,作为社会的信息传播者和舆论监督者,其实力和魅力绝不会因为一时的风潮而降低。媒体的形态在变，但传达真相和监督正义的核心使命是不变的。你的选择是有价值的，新闻专业正等着像你这样有热情、有抱负的青年来注入新的活力。

　　你说你有些内向和佛系，这其实也是你独特个性的一部分。不必勉强自己成为别人，社会需要多元，新闻行业也一样。当然也不要过早给自己贴上标签，外界的标签大概率是不够精准的，而且人都是有可塑性的，就连央视的康辉，以前也被贴过社恐、内向、普通话不标准的标签。所以遵从自己的内心去做、去争取就好。在新闻的世界里，多接触不同的人和事，能给你带来更广阔的视野和更深刻的见解。建议你以后适度地参与一些社团活动或者实习项目，这不仅能帮你拓展人脉，还能让你更好地了解这个专业。

　　至于家长的期望，我理解他们是出于对你未来的担忧和关爱。家长总希望我们能多尝试、多体验，以便更好地适应社会。你可以尝试和家长沟通你的计划和想法，比如你打算怎样一步步提升自己，怎样在保证学习的前提下参与社会活动。让他们知道你有自己的打算和节奏，相信他们会理解并支持你。

　　关于学习氛围和同学的看法，每个人对待学习的态度都不尽相同。你的选择是为了自己的未来，别人的言论不应成为你前进的绊脚石。当然，适时适度的放松也是必要的，保持一个好的心态，对学习和生活都是大有益处的。你现在可能还不确定自己的方向，这很正常，很多人都是边走边找的。你可以多读一些新闻学前沿的书籍，关注一些优秀记者的作品，慢慢地，你会找到自己的方向。

学习新闻专业的同时，接触跨专业的内容也非常有益。现在的新闻工作已经不仅仅限于文字和图片，还包括视频、音频、数据分析等多种形式。因此，学习一些相关的技能，比如数据分析、多媒体制作等，将会是你职业道路上的加分项。另外，在中国开展新闻学的学习和研究，重要的是理解中国的媒体环境与政策法规。建议你深入学习中国化的马克思主义，结合新闻伦理和法规，培养敏锐的新闻洞察力。实践方面，积极参与校报、实习和社会实践，尝试通过多媒体平台发声，如微博、抖音等，锻炼快速准确报道的能力。同时，关注国内外新闻动态，比较不同媒体的报道风格，提升国际视野和专业素养。不断学习前沿科技工具，如数据新闻、移动报道等，以适应新闻行业的数字化转型。

　　总之，大学是一个探索和实验的地方，你有无限可能。不怕慢，就怕站。你的未来不是由别人的言论决定的，它由你自己的选择和努力书写。所以，挺直腰板，用你的笔和你的声音去追寻那些未曾触及的真相和故事，去创造你心中的那份理想新闻世界！

　　在这个信息爆炸的时代，新闻人的使命比任何时候都要紧迫。你的热爱，你的坚持，都是这个专业最珍贵的财富。所以，在别人说"你怎么这么'卷'"的时候，你完全可以骄傲地回答："因为我在乎我的梦想。"

　　前方是一片未知的海洋，你是那勇敢的航行者。扬帆起航吧，未来的新闻人！满怀期待地等待你的好消息。

你的猫头鹰伙伴

2024 年 1 月 17 日

跨专业考研,如何平衡考研复习和专业学习?

来 信

老师:

您好,我现在大三了,由于不喜欢现在的专业想要跨专业考研,但是现在专业的大作业有好多,又要学得比较深才做得出来,怎么平衡好跨考专业的学习和现在专业的学习呢?

回 信

亲爱的同学:

你好。看到你由于不喜欢现在的专业想要跨专业考研,我首先想说你很勇敢、很有勇气。勇敢的人通常也是幸运的人,因为他们敢于追求自己真正的梦想。其次是祝贺你,你应该发现或接近了你真正想要的东西,这是一件非常值得庆祝的事情。你知道,这个世界上,有很多人在做他们不喜欢的事情,但他们却没有勇气去改变。而你已经迈出了那一步,这是值得赞扬的!

回到这个问题本身,我本人虽然是跨专业考研,但是我感觉自己很难提炼出并向你分享"跨考时间管理"的经验。我当时是在大三的第二学期准备考研,那时候考研也没那么"卷",本以为这个准备时间是非常宽裕的。后来在当年的10月份(大四的第一个学期),我因受伤住院并休息了一段。其实住院总体并没有耽误太多时间,但是出院后自己的精气神不如之前了、力争上游的心气儿也没那么足了,于是在出院后我就放弃了复习然后

"裸考",结果第一次考研毫无悬念地失败了。再后来我找到了工作但并不满意,于是在大四毕业之后又专职复习了几个月才"跨考上岸"。由于这段考研经历战线拖得很长,所以我基本没有太纠结日常学业和考研复习之间的平衡。

关于你提出的问题,我觉得这个问题非常好。能在大四搞定考研还是要在大四搞定,步伐紧凑点,不是所有的人都适合我那种专职考研的"Gap Year"。最近我问了一些近几年跨考成功的同学,总结了以下几点建议供你参考:

首先还是建议你要把握好你现在的专业学习。虽然你可能觉得在一个不喜欢的专业里浪费了时间,但无论你是否喜欢现在的专业,它都是你现在的基础,也是你毕业的基础。你的大作业不仅关乎成绩,也是你研究能力的体现。深度的大作业可以帮助你培养研究能力,这对你未来读任何专业的研究生都是很有帮助的。譬如我本科的专业是电信,硕博士都是文科,但是本科阶段培养的那些思维方式、学到的研究工具,对我研究生阶段的学习也有很大的帮助。

其次是学会时间管理,必要时学会做"减法"。时间是我们的宝贵资源,我们要学会珍惜。以前听说国外大学有这么一句话:"在大学里,学习、社交和睡眠,你只能三选二。"所以你要做的是减法而不是加法,要学会舍弃一些不必要的事情,比如一些可有可无的社交、无关紧要的爱好等,把时间用在真正重要的事情上,如学习和考研的准备、身体的锻炼等。我建议你制订一个详细的学习计划,将你的时间划分为几个部分,比如你可以将每天的白天留给现有专业的学习，晚上用来准备考研。你也可以将一周中的几天留给你的现有专业，其余的时间用来准备考研。在临近考研的时候则可以"闭关修炼"，把所有的时间都用于考研复习。

再次，你需要找到适合不同科目的有效学习方法，提升效率。这可能需要一些时间和实践，但一旦你找到了适合你的方法，你就会发现学习变得更加轻松和高效。譬如有的科目知识点的总结很重要，像政治这样的科目，如果你觉得总结知识点比较花时间，干脆就上个辅导班什么的（好像现在有一些网课也不错，花费也不高），我觉得这算是"用金钱买时间"吧；有的科目（专业课考试）做真题很重要，就集中精力搞点真题做做。还可以找找已考上的学长学姐，寻求具体的经验，有时也能事半功倍。

最后是时常用考研的初心来激励自己。人是需要一点精气神的。无论你做什么，都要记住你的初心，用初心来激发激情。思考一下，你选择跨考的原因是什么？是因为你对那个专业有热情吗？还是因为你觉得那个专业更有前途？无论原因是什么，都请你牢记在心。每当你感到疲惫或困惑的时候，都可以回想起这个初心，让它给你力量和动力。

一边是你的现有任务，另一边是你的未来梦想。这确实是一个挑战，但每个挑战都是一个机会，每个困难都是一次成长的机会。成功的路上没有捷径只有坚持。加油！祝你好运！

李博

2023 年 11 月 28 日

学习成绩够保研但我想跨考人工智能，有什么建议？

来　信

猫头鹰老师：

　　您好！我是大三的一名同学，经过两年多的学习，我的绩点在年级排名中保持在上游，保研应该没问题，但是我似乎对本专业并不感兴趣，只是在高中养成的学习习惯和自身比较冷静耐心的性格的驱动下，才猛抓学业，而并不是所谓的兴趣使然。目前我打算跨考人工智能专业，家里也很支持，但是AI专业考研的竞争十分激烈，尤其是报考一些顶级院校，试题难度很大，我十分焦虑，没有把握，考研院校一直没有选择好，也不知道如何平衡下学期繁重的课业与考研。老师有啥建议吗？十分感激！

回　信

亲爱的同学：

　　你好！非常欢迎你的来信。也感谢你对猫头鹰信箱的信任，在临近春节之际还想起给猫头鹰信箱写信探讨问题。

　　首先为你的学习习惯和耐心点上一个大大的赞！这除了是自律的体现，甚至可以称为"情商"的典范。因为你知道如何管理自己的情绪，知道自己应该在合适的时间做什么，并通过努力以"高绩点"应万变。不得不说，你的冷静和耐心在今天这个"速食文化"横行的时代显得尤为可贵，这是你的竞争力所在，也是你跨专业考研路上的坚强保障。

在做考研准备的时候，我觉得还是不能放弃保研的机会。在"猫头鹰公子"公众号上作过分享的各位答题嘉宾中，有一位来自土木学院2020级的小王哥哥，他是我们新生院同舟学堂的朋辈导师。他于2023年秋季成功保研南京大学的计算机专业。这样的例子说明，只要有足够的准备和恰当的方法，跨专业保研不仅可能，而且可以大有作为。建议你和"跨保"成功的学长学姐们聊一下，也许有意外的收获。

紧接着，我想谈谈你对专业的选择。我必须说，选择一个专业就像是选一双鞋，最重要的是合脚，而不是因为它时下流行。人工智能无疑是一双现在市场上非常热门的"鞋子"，但在选择之前，也要好好反思，是否真的对人工智能有着发自内心的热爱。毕竟，选择未来的专业不仅仅在于考虑它的热度，而是在于你是否愿意在未来的日子里与它相伴相守。如果仔细试穿后发现它适合你的步伐，那么请毫不犹豫地迈开步子。我以前本科读"通信工程"专业，那时候我们的课程设置里也有"人工智能"（虽然那时候的人工智能一点也不智能）。如果你的心中已经很坚定了，其实很多人工智能方面的相关专业也可以进入你的考察范围。无论是计算机科学、软件工程，还是数据科学，这些与人工智能紧密相连的专业都敞开了大门等你去探索。

说到平衡课业与考研，我不禁想起了一句古老的东方谚语（我编的，嘻嘻）："人生就像滑手机屏，你无法同时滑动所有应用。"是的，你需要做出选择，而这个选择可能意味着放弃那些课外活动，减少一些社交时间，将主要的时间精力用在学习和锻炼身体上。身体是革命的本钱，定期的运动和适当的休息，都是为了保证你能以最好的状态迎接挑战。

在考研的征途上，找一个志同道合的伙伴，无疑是一种智慧的选择。你们可以一起探讨问题，共同解决难题，互相鼓励和监督，让彼此成为前进道路上的加油站。就像是双人登山，当一个人气喘吁吁想要放弃时，另一个人就是那股推你一把的力量。在艰难的时刻，有一个人陪你一起坚持，会让旅途少了许多孤单和疲惫。在此还要提醒你，在选择考研的道路时，不要被外界的喧嚣所迷惑，而应聆听内心的声音，追随自己真正的热爱。这个世界上，每个人都是独特的个体，你的未来，不应该是别人眼中的风景，而应该是你心中的梦想。

你在将近三年的大学时光里已经表现出了不凡的实力和潜力，我相信你完全有能力找到自己的方向，并在你选择的领域绽放光芒。欢迎你开学后到线下联系我，让我们就像老朋友一样坐下来喝杯茶，聊聊未来道路的选择和你的成长。

你的猫头鹰战友
2024 年 2 月 7 日

拿到两个深造 offer，哪一个才是适合我的？

来　信

李老师：

　　您好！最近我面临一个选择：跟熟悉的老师读硕士或去方向不确定的研究院联培直博。但我并不是想问老师我要选哪个。我想问的是：我该怎么去做选择题呢？升入大四以来我好像一直在面临选择题："保研还是准备考研更好的学校？""去哪所大学继续读书？""选哪个方向？"这些选择题们，当我选完一个之后下一个就出现，我很受这个问题的苦恼。人的未来可能是千差万别的，而我的选择就通向这些千差万别的道路，可令人郁闷的是，我根本不知道要选择哪一条才最好，也不知道哪条路才是我想要的。因此一直到现在我都非常迷茫。请问，该怎么处理这种心情呢？

回　信

同学：

　　抱歉前一段时间工作有点忙，回复不及时。从时间上来看，你也应该做好了这次的选择。

　　很多时候我们之所以需要选择，就是因为摆在我们面前的各个方案都存在利弊，其中没有一个方案的优势是处于绝对明显、压倒其他一切方案的地位。"做出选择"同时意味着放弃其他方案，也同时放弃其他方案的优势，这就是选择的必然代价。既然

并不存在一个现成的最优方案,所以先不必为什么是最优选择自寻烦恼。所以我的建议是:

1. 根据现有条件,选择优势方案。面对这种情形,我们能做的就是根据现有主客观条件,经过可行性论证(包括正反两个方面),选择一个相对有优势的方案。这就是目前你能选择的最优方案,也是最能让当前的自己不遗憾的决定。在做决定之前,你需要花些时间自我反思,了解自己的兴趣、目标和价值观;在你做出决定之前,也需要尽量收集信息,这可能包括与老师、学长学姐、同学或行业专家进行交流,这些信息可以帮助你更好地了解你的选择,并帮助你做出决定;当你收集了足够的信息后,你可以开始制订一个实施计划,这个计划可以帮助你更好地理清你的思路和信息,帮助你做出最好的决定。

2. 接受不确定性,"无理由"相信自己。选择就意味着不确定,有无数种可能性,就会产生无数种焦虑。对抗"不确定性"又是一个人类永恒的话题。世事总是无常,就比如进校之前的专业选择,可能当下 A 专业的势头正猛,所有人都去就读,但本科四年后谁又能断定该专业的优势还在呢?为了去对抗这种不确定性,西方人发明了短语"God knows",中国人的智慧则是"尽人事听天命"。面对不确定时,就要无理由相信自己,相信自己无论选什么都是对的、都可以驾驭。"信"本来就是"未见之事的确据",志得意满时的"自信"不是真正的自信,面对不确定时自信才是真自信。况且你还真有自信的理由,你都拿到两个好 offer 了,哈哈哈。

3．完美的人生留给梦想，更好的人生努力争取。选择一个正确的方向固然重要，但并不是"选择"就会决定人生，而是"努力"决定人生。一旦做好了选择，就用努力证明自己的选择是正确的。俗话说"谋事在人，成事在天"，成事的前提是你是不是谋了，是不是行动了，这是你可以做主的。在每个人生方向上，经过努力都会有精彩的结果。既然任何选择都必然存在缺憾，那我们只能义无反顾地去选择，去行动，去超越缺憾。当缺憾越来越少，我们就离完美的人生越来越近。实践自会告诉我们，最优的选择是你通过实践自己的选择而逐步逼近的。

大胆选择吧，你的人生没有最好，只有更好。因为好是一个过程，好的标准是动态的。一次次的自我突破，就是自我变得更好的过程。加油！欢迎继续来信。

李博

2023 年 10 月 25 日

给性格内向对求职充满忐忑的研究生回信

来　信

猫头鹰老师：

您好！我是一名工科的研究生，秋季即将踏入找工作的洪流。由于性格内向，跟人交流较少，很少锻炼自己在人前的表达能力，现在对即将到来的求职充满忐忑。以前我总觉得只要自己在研究生阶段取得好的成绩、产出好的成果，就能找到满意的工作。但事实上两年过去了，自己在研究生阶段产出的成果也没有那么突出，而且身边越来越多的人都告诉我，找工作还是需要对自己的简历、形象等进行特定包装的，也要对未来的发展路径进行一定的思考。请问您有什么建议给到我吗？三五句话就可以，或者推荐一两本书给我看也行。谢谢老师！

回　信

亲爱的同学：

你好！感受到你在求职季来临之际的那份忐忑和不安。你的情况我非常理解，作为一名工科的研究生，你在学术上付出了大量的努力和心血，然而求职这一过程确实与学术研究有着很大的不同，需要我们在许多其他方面也做好准备。

收到你的信来后我联系了学校就业指导中心的朱华珍老师。朱老师是BCC生涯教练、全球职业规划师、教育部高级职业指导师，常年从事大学生生涯教育，在生涯教育领域有着丰富的经验。朱老师给你的建议是：你最不需要的就是看书，而是尽快投入求职实战中。此外，她还提供了几个"实战"路径：

1. 目前同济大学的AI面试模拟课是开放的，可以关注同济就业公众号，通过关键词搜索相关推送。

2. 下学期开学你可以参加学校的求职模拟训练课，都是一对一辅导。

3. 你可以通过就业网预约职业咨询老师，缓解求职焦虑。

4. 同时建议你在暑假进行实习，这是就业前最好的实战演练。

看了朱老师的指导后我也颇有收获。确实，在求职的过程中，"实践"是非常重要的。你在信中提到性格内向、与人交流较少，这在求职过程中确实会带给你一些挑战。但请相信，这完全是可以通过实践来克服的。接下来你可以从主动参与社交活动和团队项目、练习自我表达、参加模拟面试和职业培训、优化简历和求职材料、明确职业目标和发展路径、多参加招聘会和校园宣讲、积累实习经历等方面下苦功夫。

总之，求职不仅仅需要展示你的学术能力，更需要展示你的综合素质和实际操作能力。通过不断的实践和锻炼，你会逐渐克服内向的性格，提升自己的表达和沟通能力，找到适合自己的职业方向。希望你能在接下来的求职过程中，保持积极的心态，勇敢面对挑战，相信自己，你一定能够找到满意的工作。

祝你求职顺利，未来一切顺利！

你的猫头鹰伙伴

2024年6月4日

有志于学术,但听闻学术圈"大佬当道、青椒挣扎"……

来 信

老师:

您好,打扰了!我是您曾经带过的本科生。我从小就把做研究当作自己的理想,后续将在本校直博,同时已有一区一作论文入账。但是,当逐步深入时,在科研以外却遇到了两个令我困扰的问题。首先,有不少"大佬"相较于坐冷板凳的科学家,更像长袖善舞的社交家,在他们起家的领域外,有不少人水平并不如想象中那么高,在前沿领域也只是一知半解,但却把持着"圈子里"的权力;其次,很多有能力的"青椒"却只能在非升即走的内卷中挣扎,在高校死板的政策下,"破四唯"在实际中并没有给"青椒"们减负,反而让一些"大佬"的权力愈加牢固,这让我对未来的职业前景产生了忧虑。不知道老师怎么看待这个问题?

回 信

同学:

你好!感谢你的信任,来信与我分享你的困惑。首先恭喜你即将进入直博阶段,并且已经取得了优秀成果。这无疑是你辛勤努力和横溢才华的体现。你对科研的热情和执着让我非常欣慰。当然我也感受到你在科研道路上遇到的困扰和不安,我尝试与你分享一些见解,希望能对你有所启发。

1．充分认识到"科研带头人"的重要性。你说的"大佬"应该就是各个团队的带头人,他们大都是有"人才帽子"的教授们。在我们的学术、科研事业版图中,"科研带头人"或者"大佬"是非常重要的,他们在微观、中观、宏观上都有巨大的作用。当然,我在这里指的是没有被学术权力所异化的"科研带头人"。从微观层面(即团队层面)来说,很多人愿意跟着"科研带头人",我们往往发现有带头人的团队在争取各类研究资源时处于有利地位。前几天还有一位同学写信给我,说是想联系"杰青"做自己的导师;从中观的层面(即学校的层面)来讲,学校也想培养或引进更多的"大佬",以便给学校带来更多的知名度、美誉度,能争取更多的项目资源、更好的学校排名,等等;从宏观层面来看,国家也需要更多的"科研带头人",中国正在培养更多的战略科学家,来应对现在的科技竞争和产业革命等。所以我们要充分认识到"大佬"的重要作用。

2．充分认识到"外交工作"(社交)在科研团队中的重要性。理想的科学家应该是全心全意追求真理的人,但现实中有许多复杂的因素影响着科研环境。你提到的一些"大佬"更像是社交家,而不是专注于科研的科学家,这确实是一个让人思考的问题。记得美国著名成功教育专家戴尔·卡耐基说过:"一个人的成功,15%是个人的专业知识,85%是靠人际关系和处事能力。"卡耐基说得未必准确,但是这也能反馈出"外交"在团队运行中的作用。就像一个企业,既要有人搞研发、做生产,更要有人去找资源、拉订单,其实在科研工作中,也需要有人搞"外交"。

也许有些"大佬"也想沉下心来搞研究，但他们的角色决定了他们必然要花一些时间搞"外交"。

3. 充分利用好现有的资源和自己的天赋，不断追求进步。从你的来信中可以看出，你目前虽然还没有踏上研究生的旅途，但是已经有一篇一作的论文成果了。在我的认知范围里，工科论文是比较依赖团队提供的设施以及团队其他成员支持的，你能有署名一作的成果，看来你所在的团队还是氛围非常好的、对学生成长也非常有利，且你本人也非常有研究天赋。既然如此，你就抓住这样的好时光，不负青春，把学问做好。科研之路从来不是一帆风顺的，但也正是因为它的挑战和不确定性，才让每一个在这条道路上坚持的人显得尤为可贵。我们要做的，是在纷繁复杂的现实中，找到属于自己的方向，并为之不懈努力。正如《大学》中所言："苟日新，日日新，又日新。"只有不断追求进步和创新，才能在科研的道路上不断前行。

谈以上三个"充分"，并不是说我们要对学术不公和弊端视而不见。当"科研带头人""大佬"的学术权力产生异化，我们理应保持清醒的认识。同时，我们要积极参与科研管理和政策的改革，发出自己的声音，争取更公平合理的科研环境。正如古人所云："士不可不弘毅，任重而道远。"作为青年科学家，你们不仅是科学研究的未来，也是科研环境改善的重要力量。这些年，国家也一直在推行教育综合改革，其中重点就是教育评价体系改革。如果你在认真观察、仔细思考后，对于解决"学术权力异化"问题有一些好的建议，可以联系我们学校的人大代表、政协委员等。另外，还可以通过"决策咨询专报"的形式提交给上级部门，我恰好对"决策咨询专报"工作较为熟悉，你可以直接联系我。

"无穷的远方，无数的人们，都与我有关。"科学家的使命，不仅仅是探求未知，更是要在风雨中坚守自己的信念和原则。科研是一项长期而艰辛的事业，科研成功往往需要多年的积累和坚持。无论环境如何变化，只要你始终保持对科学的热爱和对真理的追求，肯定能在自己的领域中找到一席之地。希望这些分享能够对你有所帮助。如果你还有更多的问题或困惑，欢迎随时联系我。我会尽我所能，为你提供支持和帮助。愿你在未来的科研道路上，能够克服困难，勇往直前，成为一名真正的科学家，为社会和人类的进步作出贡献。

祝你前程似锦，科研顺利！

李博

2024年7月28日

如果专业与以后工作无关,那读大学的意义是什么?

来　信

老师:

　　您好,我是一名大二的学生,最近在思考自己专业的问题。总觉得自己反应比别人慢好几拍,别人从大一开始就很有目标感、开始奋力"卷"了,而我到现在还在考虑专业的问题。我对自己的专业也并不是太感兴趣,可以学下去但是动力不太足。而且身边好多人告诉我,现在学归现在学,以后的工作也不一定从事本专业。如果现在的专业和以后的工作没有关系的话,那现在的大学生活意义在哪里呢?抱歉老师,可能我的想法很幼稚,平时也不好意思跟老师和身边的朋友探讨这个问题。

回　信

亲爱的同学:

　　你好!非常欢迎你的来信。

　　首先,我很感谢你能够与我分享你的困惑和思考。你的想法并不幼稚,你的很多"困惑"我也困惑过。就拿我自己来说,我目前在大学从事行政工作,回想起本科阶段的电脑编程、金工实习、焊接机器狗等,那些东西对我的工作又有什么帮助呢?从我自己的经历和感受而言,我觉得你的问题是一个非常成熟且重要的问题,值得每一个人深入思考。

　　关于你的困惑,我先简单谈一些感想:

大学教育的价值远超过直接培养特定职业技能。大学的专业和社会上的工作岗位，本来就不是一一对应的。我记得我读大学的时候（我的专业是通信工程），一位计算机领域的院士给我们开讲座，说在他读大学的时候，还没有计算机这个专业，但他在计算机领域的成就又取决于在大学阶段所打下的基础。大学不是职业技术学校，同济大学更不是职业技术学校。大学是一个探索自我、拓宽视野、学习如何学习的地方。它不仅仅是为了教会你一技之长，更重要的是培养你成为一个终身学习者，一个能够适应快速变化的世界的人。

我以前在看电影《哈利·波特》的时候，有点疑惑，为什么这些小孩子本身就会魔法，还要送他们去魔法学校呢？当然，非常重要的一点还是要磨练技能。虽然许多孩子出生在巫师家庭中，天生就拥有使用魔法的能力，但这并不意味着他们能够直接掌握如何正确、有效地使用这些能力。魔法学校，如霍格沃茨魔法学校，存在的目的就在于教导年轻的巫师和女巫们如何控制并恰当地使用他们的魔法。除了技能，很重要的一点是：魔法学校也是学生们学习如何成为一个负责任的魔法界成员的地方，教导他们如何在魔法世界中生活，以及如何与麻瓜（非魔法师）的世界和平共处。正如你在大学里，不仅学习专业知识，更重要的是学会如何学习、如何与人交往、如何解决问题、如何融入这个社会、与世界美好相处。

回到你说的专业选择。你提到了关于专业选择的疑惑，以及对未来职业方向的担忧。我想告诉你，现在考虑这些问题并不晚。实际上，很多人直到硕士甚至博士阶段才最终确定自己一生的职业方向，而且他们中的许多人都非常成功。这说明人生的道路是多元的，每个人都有自己的节奏和时机。

如果你发现当前的专业不是你真正热爱的领域，这其实是一个宝贵的发现。它意味着你有机会重新审视自己的兴趣所在，并且有时间去探索和尝试。大学提供了丰富的资源和平台，你可以通过选修课、社团活动、实习机会等多种方式来探索自己的兴趣。专业不是人生的桎梏，而是成长道路上的一个站点。未来的世界需要的是能够跨学科学习、创新思考的复合型人才。即使当前的专业和将来的职业看似不相关，你在大学学到的方法论、思维方式、解决问题的能力等，都将成为你宝贵的财富。读大学就是这样一个探索和发现的过程，享受这个过程，相信我，你会找到属于自己的答案。

祝你在大学生活中不断探索，勇敢追求自己的梦想，未来的路上定能收获满满。

李博

2024 年 4 月 11 日

建筑系学生感觉前途迷茫，怎么办？

来　信

老师：

　　您好！我是建筑系的学生。建筑行业现在日渐下行，感觉周围所有人都说着要转行，包括我也想离开这个行业，但是建筑专业的学业繁重到我们几乎没有时间去尝试一些别的行业的实习或者是参加一些培训。我想过研究生转专业，但是我没有优秀到可以跨专业保研的程度。但我总感觉在这个专业呆得越久我越难逃脱，想到这件事我就十分焦虑，很想自暴自弃，不知道未来该怎么做。

回　信

同学：

　　你好！欢迎来信。确实感觉你目前面临一些困难。简单说一点我的感想，供参考：

　　首先是要想办法弄清楚自己喜欢的、希望奋斗的方向。有的时候对其他行业、专业的了解，不一定要通过实习或者培训。这是属于时间成本比较高的方式。如果想了解其他专业的话，可以自己看书、看一点网课，可以跟业内的专家、前辈聊上半个小时等。如果明确了要转的方向，那就尽可能地保证日常的功课不落下，然后向那个转的方向去学习，这个我觉得是第一步。

　　如果暂时没有找到适合自己的方向，我送你个词：功不唐捐。

如果你能学好目前的专业课，不但能获得专业知识，也能够锻炼到很多基本能力。这样在你未来的职业发展当中（或者是去学其他的专业），都有意义和价值。尤其建筑系是同济的王牌专业，有丰富的培养学生的经验。你一定要抓住机会，重点培养自己的学习能力和思维方法，然后融会贯通，这对将来从事任何一个行业都会有巨大的帮助。

以我本人为例，我本科是学习通信工程的。这个专业教给我的99%的知识我都已经忘记了，但是一些思维方法还在。我给你举个小例子：在十多年以前，"最后一公里"这个概念还只有通信行业的人在用，指的是通信基站到居民家里这最后一段。如果这最后一段解决不了，前面昂贵的通信设施（交换机、光缆铺设等）将毫无用处。

百度百科把"最后一公里"解释为"中国共产党十八大以来的新名词"。 十八大是2012年召开的。但其实我在2008年刚读研究生的时候就写了一篇论文，把"最后一公里"的概念用于高校学生党建和思想教育（公开发表，可查询）。我的理念如下：不管教育部、市教委和高校设计的学生思想政治教育的体系多么完备，投入的资源多么巨大，如果这个教育体系跟学生直接接触的部分失灵，那前面所有的努力都白费了。

工作以来，我也一直致力于学生思想教育"最后一公里"的实践。也是从2022年4月份以来，我发现"匿名信箱"是一个打通最后一公里的良好方式。

不知道我的这个经历对你是否有启发？

总之，最怕的就是：想学的东西不知道是什么，眼下应该学的学不好，从而产生自暴自弃的想法。

珍惜当下，努力当下。祝一切都好！欢迎微信联系。

李博

2024 年 1 月 15 日

选错专业的我，好羡慕别人顺利的人生

来　信

老师：

　　您好！本人目前大一，在一个不用分流的专业。我常羡慕别人"顺利"的人生，填志愿时就清晰勾勒了自己的未来，进入理想的专业，按部就班完成人生阶段的目标，而我似乎总是滞后的、迷惘的、曲折的，"报错"专业（不适合），后知后觉，我要比他们花更多的时间试错，花时间纠结，花时间后悔。可怜的绩点和沉没成本，"退学"被我一次次提及，却因要背负更大的压力和崩溃而放下。大一必然是转不去理想专业，若大二/大三也不能转，就算跨专业考研也要比高考更严峻困难，很难想象那时的我是否又会后悔没能早早决定退学呢？（人总是往坏处想）我知道这样的想法很"中二"与极端，但是又如何不这么想呢？所谓的幸运又凭什么降临在我身上呢？

回　信

亲爱的同学：

　　你好！感谢你信任我，将你的困惑和思考坦诚地分享给我。在这封信中，我感受到了你的迷茫和压力，也看到了你对未来的深思。当你开始阅读这封信的时候，我想告诉你的是，屏幕背后的"猫头鹰老师"，也是一个曾和你一样陷入迷茫的年轻人，经历过稀奇古怪的"失败"和让人沮丧的阴霾（现在依然还会迷

茫……)。我在你这个年龄的时候,受挫时喜欢拿"少年英雄"的事迹来激励自己;不过这几年由于人到中年,眼看年华易逝自己仍碌碌无为,我又开始拿"大器晚成"的例子来给自己打鸡血了,譬如40岁投笔从戎的班超,42岁开始创业的宗庆后,哈哈哈。

  来信中你提到"所谓的幸运又凭什么降临在我身上呢"。听起来好像有一点悲观的味道。有一句话是这么说的:悲观者往往正确,乐观者往往成功。甚至有一位名叫凯文·凯利的作家曾说:"乐观可以增加25点智商。"在生活的旅途中,悲观可能给我们提供了一种看待世界的现实视角,似乎总能正确预测困难和挑战。然而,正是乐观的态度在很多时候引领我们走向成功。乐观并不意味着忽视现实,而是在面对困境时选择持续寻找解决之道,相信每个难关都是成长的机会。当你选择乐观,你不仅为自己打开了一扇窗,也为可能的成功铺设了道路。因此,即使悲观偶尔"正确",让我们依然选择"乐观",因为它能带来力量,带来变革,带来未来的成功。还有,你觉得有没有这种可能:再经过一段时间的探索,未来某一天忽然觉得现在选的这个专业非常不错、非常适合自己?

  你提到了对那些看似"顺利"的人生感到羡慕。确实,在我们的社会中,早早确定自己的人生目标并按计划实施似乎是一件令人羡慕的事。然而,早早找到人生目标的人同样会遭遇挑战和困难。没有人的人生是完全顺利的,即使表面看起来光鲜亮丽。这些人在实现目标的过程中也必然会经历焦虑和烦恼。另一方面,晚一些发现自己的真正兴趣和目标的人,虽然在探索的过程中可能会有迷茫和挫折,但这同样是成长的重要部分。勇于争取和探索,积极复盘往前走,人生就没有白走的路。正如40岁以后才纵横西域的定远侯班超,如果没有前半段的人生积淀,哪有人生后半段的智谋和韬略?

人生充满了未知。我们无法预见未来,也难以掌握所有的变数。正因如此,我们不应将人生的选择简单地比较早晚或高下。每个人的生命轨迹都是独一无二的,我们都在不同的时间点上,因为不同的经历,做出最适合当下的选择。有些人30岁功成名就,有些人50岁才开始创业,每个人都有自己的生命节奏。而且,人生并非孤立存在,它与社会、世界以及自然环境的变化紧密相关。有时,你可能觉得自己生不逢时,但在另一些时候,你也许会感恩自己恰逢其时。这一切,都是生活的一部分,学会接受这种起伏,是我们成长的标志。在面对不确定性时,我们常常感到不安。但与其追求不可能完全掌握的确定性,不如努力提升自己在不确定中发现机遇的能力。这不仅是一种生存技能,更是一种可以让生活变得更加丰富和有趣的能力。通过学习如何在变动中找到自己的立足点,你将能更好地应对生活中的各种挑战,同时也能抓住那些意想不到的机遇。

由于不知道你的专业具体是什么,所以希望能和你有面对面的交流。非常欢迎你来办公室找我喝杯咖啡,把咖啡当作我们的思考燃料。在这样的轻松氛围中,我们可以一起解构你的烦恼,或许会找到那些问题的意想不到的解决方式。我还是相信,随着时间的推移，你将会找到属于自己的道路，写下属于自己的精彩人生篇章。

期待我们的会面！

李博

2024 年 4 月 21 日

推免联系杰青教授,说可以把我推荐给课题组助理教授,去吗?

来　信

老师:

您好!我是一名2021级学生。最近一段时间除了学习,也花了不少时间考虑并准备研究生推免的事宜。前面给一位杰青教授发过邮件,问是否可以报考他的研究生。但老师说他那边名额比较紧张,竞争激烈,说可以推荐我报名他自己课题组里的助理教授。这种情况下您觉得怎么办比较好?

回　信

亲爱的同学:

你好!很荣幸收到你的来信,了解到你在准备研究生推免过程中遇到的困惑,我非常理解你现在的心情和处境。首先,我要为你几年来在学业上所付出的努力点赞,也为你积极主动联系教授的行为点赞。你展示了对自己未来的认真态度和主动规划的意识,面对你说的这种情况,我有一点建议和思考,希望能给你一点启发和帮助。

首先,教授对你的推荐就是对你的极大认可。这位教授推荐你报考他课题组助理教授的研究生,并不意味着你能力不足或者被拒绝。相反,这可能是因为他目前的研究生名额确实紧张,而助理教授的研究生名额相对宽松一些,这同样是一个非常好的机会,也是对你学术表现的认可。对于你来说,能进入这位杰青教授的课题组,无论是以什么方式,都是一个非常宝贵的机会。你可以通过这个途径,近距离接触到他和他的研究团队,从而获得丰富的科研资源和指导。通常情况下,助理教授的研究生名额和杰青教授的研究生名额在学术要求和毕业标准上没有区别。你可以通过这个渠道进入相同的研究环境,接受同样高水平的指导和培训。因此,从学术和职业发展的角度来看,这种推荐并不会影响你的研究生阶段的学习和成长。

其次,关于是否报这位助理教授研究生,需要再次考虑一下你个人的学术兴趣。你提到目前为研究生推免所做的工作,这表明你对未来有一个明确的计划。如果你对这位教授的研究方向非常感兴趣,并且希望在他的指导下进行深造,那么接受他的建议,报考助理教授的研究生名额是一个不错的选择。通过这个途径,你不仅能获得宝贵的科研机会,还能积累更多的学术经验和人脉资源,这对于你未来的职业发展将是非常有利的。如果你对教授的研究方向感兴趣的话,你可以与这位教授进行进一步的沟通,表达你对他研究方向的兴趣和加入他课题组的意愿。同时,询问助理教授研究生名额的具体招生条件、培养计划以及未来的发展方向等。通过详细了解这些信息,你可以更好地评估这个选择是否符合你的职业规划和学术目标。

最后,在做决定之前,建议你也咨询一下你的辅导员或者其他在相关领域有经验的学长学姐,听取他们的意见和建议。好多辅导员老师都是本学院毕业的,他们可能会提供一些有价值的见解和实用的建议，帮助你更好地权衡利弊，做出最适合自己的决定。另外，无论你最终选择什么路径，最重要的是保持积极的心态和坚定的信念。研究生推免是一个竞争激烈的过程，但也是你展示自己实力和潜力的机会。相信你通过自己的努力，一定能够找到最适合自己的道路，实现自己的学术和职业目标。

  希望我的建议能够对你有所帮助，不当之处还请批评。祝你在研究生推免过程中一切顺利，取得理想的结果。如果你还有其他问题，欢迎随时联系我。

李博

2024 年 7 月 1 日

送一本充满蓬勃生命力的书给即将找工作的同学

来 信

老师：

现在正面临经济形势下滑，然后身边的朋友还不停传递就业焦虑，加上马上就要秋招了，好烦呀，有什么好的建议吗？

回 信

同学：

你好。欢迎你的来信。首先要说的是：由于我本人没有深入研究过经济学问题，所以本次回信不讨论"经济形势下滑"是不是一个真命题，只讨论你的"就业焦虑"问题。

假如真的存在"经济形势下滑"，这种下滑一般会对整个社会待就业群体存在一定的负面影响，但是对个体却未必。比如这几年考公务员、选调生那么难、那么"卷"，可我还是时常见到有些同学可以同时拿到好几个体制内的 Offer。关键就是看你怎么准备，怎么打造你自己的核心竞争力。

2014年6月初，有一位大四的学生（曾经在我办公室担任助管）来跟我交流。马上就毕业了，他频繁面试也没有找到工作，非常迷茫却不知道怎么办。我了解了他的学业情况，他是日语专业的学生，日语一级没有通过。没有这个核心竞争力怎么行？我就奉劝他停止各种简历的投递和面试，专心准备7月份的日语一级考试。告诉他：如果这个考试不通过的话，那在很多面试中你只能做那个拉低录取率的"分母",做不了那个脱颖而出的"分子"。后来他听从了我的建议,专心准备考试(甚至还报了一个辅导班)。在他日语一级通过的一周内,就接到了迪士尼(当时还在建设中)的面试通知,并如愿进入迪士尼工作。后来他辞职和朋友一起创业,从事对日贸易方面的工作,今天已经成长为创业小成的企业家。所以,该"卷"的时候也要"卷"起来,有目标地"卷"、打起精神朝着自己的核心竞争力"卷"!

面临激烈的就业竞争,除了保持积极心态、培养敢于竞争的勇气,还有几个小小的建议供你参考:

1．尝试寻求职业咨询和支持。职业咨询和支持可以帮助你了解自己的职业兴趣和优势,并且会提供一些实用的职业建议和指导。咱们同济大学的就业指导中心就可以提供这方面的帮助,你如果需要的话我可以帮你联系、预约。

2．继续加强新技能和知识的学习。学习新的技能和知识可以增加你在职场中的竞争力。有的同学一到临近毕业就"慌"了,觉得现在再学习新东西好像也来不及了。但学习是一个长期的、系统的工作。你可以在求职之余,冷静分析社会对你的需要和自己的技能不足,利用空余时间学习一些新的技能和知识,例如计算机技能、数据分析、外语,等等。

3．通过提前去实习、兼职积累经验和人脉。实习和兼职是寻找工作的好方式。通过实习和兼职,你可以获取职业经验和技能,了解职场文化和工作方式,同时也可以建立职业联系和人脉。这也可以让你更好地了解职业市场的情况和机会。

4．尝试探索开发多个职业计划。不要把所有的希望都寄托在一个计划上（譬如：只准备公务员考试，连校园招聘会也不参加，甚至只参加一地的公务员考试）。尝试开发多个职业计划，考虑到不同的职业选择和方向。这样可以增加你的职业机会和选择，也可以减少焦虑和压力。

5．当然，在求职之中也要时刻关注自己的健康。尽量减少焦虑和压力，保持健康的饮食和睡眠习惯，适当进行运动和放松。

就业市场的竞争确实很激烈，但是通过努力和积极的态度，相信你可以找到自己的机会和方向。在你踏入"求职之旅"之前，推荐你看一本书吧！（欢迎你来找我，把这本书送给你）这本书就是西方的经典文学著作《荷马史诗》。该书语言优美，故事生动，关键是要好好看一下史诗里那些生命力旺盛的人类。他们曾杀牛犊烧烤、饮葡萄酒、和"大眼睛的美人"（牛眼睛的赫拉）一起歌舞；他们也曾和强盗战斗、和妖怪战斗、和神战斗。他们身上充满了人类幼年时期的勃勃生机！在困难时期，就要培养这种打不垮的生命力。

李博

2023 年 9 月 27 日

我想成为一名辅导员,请问有什么建议吗?

来 信

李老师:

您好,我是一名大三的学生,对学生工作有浓厚兴趣。我想像您一样成为一名优秀的辅导员老师,未来我应该怎样发展,有什么建议吗?

回 信

亲爱的同学:

你好!非常感动和感谢你能够在思考自己的职业生涯时,考虑到了"辅导员"这一岗位,并且对我过往在学生工作方面的努力给予了肯定。能够看到有像你这样热心和有志向的学生想要投身于学生工作,真的让我感到无比的欣慰和骄傲。

虽然我现在已经不在学工战线工作,但仍旧通过猫头鹰信箱这样的方式,保持着与学生工作的密切联系,继续为学生们的成长贡献一点微弱的力量。来信中你表达了想要成为一名优秀的辅导员老师的愿望,这是一份非常有价值和意义的职业选择。为了帮助你更好地为这个目标做准备,我想先分享一些小小的建议给你:

首先,稳步拿到博士(至少是硕士)学位,并充分感悟、体验、复盘自己的学习经历。现在同济大学招聘辅导员需要博士学位,绝大多数大学也都是要求硕士学位或以上。所以要成为辅导员，你首先要计划如何拿到博士或者硕士学位（至于具体读什么专业则是次要的）。作为一名未来的辅导员，不断学习和深化自己的知识储备也不仅仅是为了获得更高的学位，更重要的是通过学习，充分体验、感悟并分析复盘你自己的学业生涯。我有一个感悟是："只有自己到过罗马，才有底气告诉学生怎么去罗马。"我刚工作的时候没考过托福、GRE等，学生问我的时候我也不知道怎么回答。后来我背了20000个单词，考了这两门考试，学生再跟我讨论这个问题的时候，我自然就可以谈笑风生啦（Bushi，因为身为 i 人的我其实不怎么擅长谈笑风生……反正就是表达这个意思吧哈哈）。像你提到的，你现在是大三的学生，继续深造至硕士甚至博士毕业，会为你提供更坚实的知识基础和人生经验。你在学习过程中的感悟和经历，将成为你指导学生的宝贵财富。

其次，心怀爱心，积极关注并帮助他人。成为一名优秀的辅导员，不仅需要丰富的知识储备，更需要一颗关爱他人、乐于助人的心。在你的学业生涯中，我鼓励你积极关注周围同学的学习和生活状态。这不仅仅是对同学们的一份关心，更是对自己同理心和社会责任感的培养。你可以从简单的日常交流开始，倾听他们的困惑和需求，提供可能的帮助和支持。同时，参与或组织一些学习小组、心理支持小组等活动，为他们创造一个互助互学的环境，这不仅能帮助他们解决实际问题，也能增强你的组织和沟通能力，为未来的辅导员工作打下坚实的基础。

第三，如果你还有时间和精力，建议你积极参与社会实践。

除了学习和帮助他人外,我还鼓励你积极参与社会实践活动。社会实践能够让你更直观地了解社会和人生,提升自己的社会责任感和公民意识。你可以参与志愿服务、社区服务或是学校的各种社会实践项目,这些经历不仅能够让你接触到社会的各个方面,了解不同群体的需求和挑战,也能够锻炼你的问题解决能力和团队协作能力。此外,可以尝试帮助老师和学校开展一些学生工作项目,如新生入学指导、职业规划讲座等,这不仅能够积累宝贵的实际工作经验,也能够帮助你建立起自己在学生工作领域的视野和认识。

差点儿忘记跟你说,我这里有一本自己编著的关于学生工作的书籍,希望能够作为你成长路上的一点指引。欢迎你实名联系我,我将非常荣幸将这本书亲手交到你的手中。

最后,如果在你硕士或者博士即将毕业的时候,你仍然坚持想要成为一名辅导员,一定要联系我。我会尽我所能,为你提供报考前的辅导和支持。至于辅导员工作所涉及的技术性的内容,如奖勤助贷补、谈心谈话、日常思政、主题教育、网络思政、职业生涯教育等,这些内容我相信你都可以在你入职后迅速熟悉,这里我就不赘述了。

最后的最后,再次感谢你对学生工作的热爱和对我工作的认可,期待你能够实现自己的职业梦想,并在未来成为一名优秀的辅导员。祝你学业有成,未来可期!

李博
2024 年 3 月 26 日

4 心理健康与心境调适

心静神远，智深行稳

挂科、迷茫、共情疲劳,如何快速走出困境?

来　信

老师:

您好。我是一名大二的学生,现在处于一个很迷茫的状态:我每天课很多、很疲劳,但是毫无收获,且自己十分缺乏内驱力。我大一学年的绩点十分难看,甚至挂了一门5学分的课程。由于保研无望、考研没有竞争力,现在我感到十分迷茫,同时为自己大一的决策感到十分懊悔。在这一年的时间里面,我对自己的认知发生了非常剧烈的动摇。我现在完全没有动力去展望未来,也感觉自己完全比不上周围的同学。另外,大一期间还有一段小插曲:我有一个朋友,他患有很严重的抑郁症,而他唯一信赖的可以倾诉的对象就是我。所以我每天都在接受他的"想去死"或者"想要退学"的负面情绪,真的是非常负面……而且这样的情况持续了大半年,我感觉我被影响了很多,自己也变得非常消极,所以来打扰您。

回　信

亲爱的同学:

你好!感谢你对老师的信任。在你人生的任何阶段如果想和老师聊聊天,都可以写信或者电话联系我。大学是一个学习和成长的过程,在这个过程中,我们可能会遇到一些挫折和失败,但这并不代表我们就此放弃或者没有未来。要学会接受自己的不

足,同时也要积极发掘自己的优势和潜力。在这里,我有几点小小的建议供你参考:

首先,是寻求帮助、释放压力。看到信之后我有一个明确的感觉,就是:你是一名非常勇敢坚韧的学生。前几天在看一篇文章的时候遇到一个名词叫"共情疲劳",一般指的是心理咨询师在长时间接受来访者的负面情绪时,出现的一种不适、倦怠的心理状态。而你长时间接受朋友的倾诉,其实内心也承受了很大的压力。正如我们不提倡让少年儿童"见义勇为"一样,我也不建议你继续接受朋友的倾诉。在合适的情况下,可以跟他平静地说一下你已"不堪重负"的心理状况,并建议你的朋友去接受专业的心理咨询,而你也要找适当的机会释放自己的压力。你是一个非常善良和负责任的人,可以为你的朋友提供支持和倾听。但目前你已经感到自己的情绪和心理状态受到了影响,所以建议你也去寻求专业的帮助和支持。你可以向我们学校心理咨询师或者心理健康门诊的医师寻求帮助,他们可以提供专业的建议和支持,帮助你更好地处理自己的情绪和心理问题。

其次,我要说的是:考研尚早,大有希望。在信中你提到"保研无望,考研没有竞争力",我觉得说这些话为时过早。毕竟还有大二、大三的成绩可以往上"拉绩点"。另外,考研没有那么高不可攀,尤其是初试也就是那4门课,准备起来没有那么难,只不过要花一些时间慢慢磨而已。要增强信心,记住"我一定行!"说实话,我也是一个本科阶段挂过科的人……我本科学的是工科(同济大学电子与信息工程学院,通信工程专业),

后来感觉自己在工科领域领悟力不强、竞争优势不大，于是跨专业考了社会科学方向的研究生。

再次，整合资源，找准节奏。大学是一个充满机会和资源的地方，有很多人可以给你提供帮助和支持。你可以找一些专业的老师或者辅导员倾诉自己的困扰和问题，同时也可以寻找一些积极向上、有经验的同学或者学长学姐寻求帮助和建议。他们可以分享自己的经验和知识，帮助你更好地适应大学的生活和学习。不要忘记，每个人都有自己的节奏和方式，不要盲目追随别人。如果你感到自己没有学习的热情或者时间管理的能力，还可以尝试一些新的学习方式和管理方法。同时建议你制订一个详细的学习计划和时间表，将需要完成的任务分解成小目标，逐步完成。

最后，磨炼性情，积累经验。在人生的不同阶段、在不同的境遇下，"坚持"二字的意义是不同的。有的坚持毫无意义，而有的坚持则意义非凡。我个人认为，目前你对专业课程学习的坚持、对每一天时间的珍惜，就特别有意义，这就是"负重前行"。"负重前行"的过程不仅磨炼自己的学习能力，而且磨炼自己的性情，为自己积累应对困难的经验。当你以后再遇到困难的时候，想想自己现在的坚持，你会觉得一下子有了战胜新的困难的信心，你也会觉得："这点事儿我能处理！"

希望我的回信能够给你一点点的帮助，祝愿你在未来的道路上一切顺利！

李博
2023 年 9 月 11 日

发现自己在"摆烂",怎么找回那个眼里有光的自己?

来　信

老师:

　　您好,我是大二的一名学生。由于一些客观原因,我落下了很多课和作业,这些任务都堆在了一起。我总是想着找一个时间抽空补一下,但不知道为什么,我感觉不到自己对学习的热情,规划好的补课时间莫名其妙都浪费掉了。已经过去半个学期了,自己好像什么都没有学到,再加上最近又有很多测验,我就感觉非常崩溃。从我高中的经历来看,我一直觉得自己属于那种跌落低谷后就会拼尽全力向上攀爬的性格。但是现在身处大学,感觉自己在"摆烂"的道路上越走越远。我特别羡慕身边积极向上的同学们"正反馈"式的学习生活。上大学一年多了,我一直没找到自己学习和生活的状态,目前的状态与我上大学前设想的生活有天壤之别。再也找不到那个内心坚定、眼里有光的自己了。

回　信

亲爱的同学:

　　你好!欢迎你的来信,也感谢你的信任。暂时的迷茫甚至"躺平"好像很多人都经历过,你就把之前的这段时间当作休息和调整,然后进入下一阶段的反思和奋起。

　　学习和生活是需要规划和计划的。大学是一个自由度很高的地方，但这也意味着我们需要更加自律和主动地去学习和生活。如果你感到自己没有学习的热情，那么可以尝试一些新的学习方式，比如实践的学习方式、团队合作的学习方式或者将学习与兴趣相结合等。同时，也可以尝试制订一个详细的学习计划，将需要完成的任务分解成小目标，逐步完成。这样做可以帮助你更好地掌控时间，减轻焦虑情绪。另外就是不要过于比较自己和别人的生活。每个人都是不同的个体，有着不同的经历和背景。你身边的同学们可能有着比你更好的自我控制力和时间管理能力，但这并不代表你就彻底失败了。要学会欣赏他人的优点，同时也要积极发掘自己的优势和潜力。

由于知识和视野所限，加之最近工作忙，我怕自己回答不好，所以又特意请教了学校就业指导中心的朱华珍老师。朱老师长期从事生涯规划教育工作，针对你的情况她也提了一些建议，我把她的建议整理如下：

如果从生涯规划的角度来讲，你目前的状态简单来讲就是心理上的拖延。在你潜意识中，也许还给自己的拖延找了一个理由，即：以往都是跌入低谷才能够爬起来，自己也具备从低谷爬起来的能力。你可以自己尝试用心理学上"内在动机"概念去理解自己。目前你在学习上的拖延，肯定是由于缺少学习的内在动机，但是"缺少动机"的原因具体是什么，需要你自己去好好揣摩和发掘，仅从你的来信中我们推测不出来。一个人具备做事情的内在动机需要三个条件：第一，是主动性和愿望，即你有较强的意愿去做这件事情；第二，你的能力要够得上去做这件事情，你的技能和你要达成的任务之间需要有"匹配度",如果"匹配度"不够,任务经常完成不了,你也会产生拖延。第三,是心理上的一种链接感,即你和周围人之间的链接感,以及你和你要解决的问题之间的链接感。所以,希望你能静下心来思考一下,找一找"内在自主性",自己的目标到底是什么?自己想要什么?还有就是反思:既然在学习上拖延,那你的时间应该是花在别的什么事情上了。这个"别的事情"是什么,它是怎么给你动力的?

  以上是朱老师给你的建议,欢迎你继续来信交流!学习和生活都需要时间和耐心,不要期望一夜之间就能改变现状,要给自己一定的时间和耐心去适应新的环境和生活方式。同时也要相信自己的潜力和能力,勇往直前地追求自己的梦想和目标。愿这封来信成为你爬出低谷的开始。

李博
2023 年 10 月 6 日

同济求学七八年没得过奖学金,感觉自己挺失败

来　信

李博老师:

您好!我是您以前带过的班级中的学生,明年我就要硕士研究生毕业了。回首在同济求学的七八年,我感觉自己好像挺失败的,本科和研究生什么奖学金都没能拿到过。今年我本来参加了一次"同行计划",是非常有希望冲击"研究生社会活动奖学金"的。特别想以争取这个奖励来证明一下自己,给自己一点安慰,但最后还是与奖学金失之交臂。大学期间我连一个奖学金都没能获得,感觉像是对我读书期间表现的一种否定,好像就是得让我接受自己的平庸、接受自己的普通。现在有些不甘心,但也没有机会了。我现在特别怀疑自己,或者说我真得说服自己接受平庸了!

回　信

亲爱的同学:

你好!欢迎你的来信,在收到你的信之后我思考了很长时间,想要回复得更全面一点。在进入新生院之前,我只担任过电子与信息工程学院2015级电气类××班的班主任,想必你就是这个班的同学吧?那时候我第一次担任班主任,对日常工作有许多不熟悉的地方。但同学们对我都挺好,好多同学到现在都与我保持联系。

关于你的来信，我先谈几点感想：

第一，八年磨一剑，成绩不寻常。由于你对自己有非常高的期待、希望能够获得更多的认可、希望能有更多的证明来证实自己的价值，所以你现在对七八年的时间里自己没有获得过奖学金有些不满意。但其实静下来心来，在教育竞争如此激烈、读研如此内卷的时代，你能够读同济大学的本、硕，只要顺利毕业了就已经打败了许多同年龄的竞争者。所以在讨论这个问题的时候，首先要看到自己"八年磨一剑"所取得的成绩。回望你在大学期间的学习和生活，无论有没有获得奖学金，都是你人生中宝贵的经历和财富。在这八年期间不仅你非常努力，你所在的学校也非常努力。你入校的时候，2015QS世界大学排名上，同济大学位列中国大陆第十四名；而刚刚公布的2024QS世界大学排名，同济大学的位次已经到了中国大陆第九名。另外，你所在的行业也"生逢其时"：2015年的电信行业未见得有多热门，而到了2023、2024年，这个行业已经几乎是最热门的行业之一。

第二，保持战略定力，不被所谓"社会标准"束缚。人们对"一段优秀的大学经历"设定了许多的标准，譬如奖学金、各类"优生优干"的名誉，甚至还包括"担任班干部"等。这些奖励、荣誉、称号、身份能获得当然很好，但是在这些"标准"之外，还有更远的人生目标。我希望你能调整自己的心态，学会逐渐摆脱"社会标准束缚"。每个人都有自己的生活和成功的节奏，你不需要去比较，只需要做最好的自己。我相信你会逐渐培养定力，也只有培养出了定力，你才能在各种困扰和压力中保持冷静,才能在各种诱惑和干扰中保持清醒,才能在各种失败和挫折中保持坚韧。记住:来日方长,希望在远方。

第三,磨炼"快刀"打造"核武",期待"大器晚成"。获得奖学金是一种荣誉,但是奖学金的设立往往是基于某些特定的标准。例如,要平均绩点高、科研成果或创新竞赛多、在校园社会活动或公益事业上有突出表现等。如果你的特长、兴趣跟这些有差距的话,那么获得奖学金的机会就会相应减少。而你现在即将步入职场,说实在的你在职场的表现和大学里的奖学金并无直接关系,因为职场的考核体系和学校完全是两样的。你需要花一些时间去寻找和尝试,尽快发现并打造自己在技术、管理方面的"核心竞争力",有了一把"快刀"将来才能行走江湖、建功立业。成功不是一蹴而就的,而是需要时间和耐心的积累,长时间的专注才能"大器晚成"。

谈到大器晚成,我想到2023年的诺贝尔奖得主卡塔琳,她出身平凡,父亲是农村的屠夫。她大学读了我们常说的"天坑专业"(生物学专业),在匈牙利国内找不到工作只好远赴美国,自此和丈夫分居两地,从青葱年岁至今,近50年来三次被解雇,屡陷失业危局,在美国数个大学试验室之间被赶来赶去,还患了癌症……她的科研之路充满坎坷,且在很多年里她的年收入从未超过6万美元。但上天终没有辜负她的勤奋努力,夫妻虽常年异国分居但关系和睦,还培养了一个两夺奥运冠军的女儿,现在她本人又得了诺贝尔奖。大器晚成者,他们并非一开始就是天才,也许他们在起跑线上落后于别人,但是他们通过自己的选择、努力和时间，最终赶超了别人，成为了真正的大器。

"大器晚成"其实也是我要和你共勉的。作为一名中年人，我其实也对自己取得的成绩并不满意，哈哈。所以我也时常鼓励自己"大器晚成"。人的一生就像是航海，决定船只方向的并不是短暂的风浪，而是持久的专注和努力。大器晚成的人，就像是敢于迎风破浪的航海者，他们不怕起步时的困难，因为他们知道，目标就在前方，只要坚持就能到达。

欢迎你抽时间到办公室来找我！

李博

2023 年 11 月 13 日

考上同济,仍然比不上父母眼里别人家的孩子,委屈

来 信

李老师:

您好!我是一名大一新生,最近有些焦躁。昨天跟父母通电话,父母在电话里提及表哥在大学里获得了奖学金,还有他们同事的小孩跟我同样也是今年读大学,在大学里担任了班长职务。我知道他们想激励我努力一些,但是听到这些话,忍不住心里一阵焦躁,尤其是我现在每天为功课忙得晕头转向,能管好自己的学习就不错了。都大学生了还被家长与"别人家的孩子"比较,心里觉得有点委屈。还有就是父母想让我考好大一的成绩,明年准备转计算机方向,其实我对计算机方面也不太感兴趣。您能给我一些建议吗?

回 信

亲爱的同学:

你好!很理解你现在的心情,大学生活的开始对每位同学来说都是一个非常大的挑战和转变,尤其是在处理学业、人际关系以及个人兴趣与父母期待之间的平衡方面。

首先我想说的是,你的父母和你一样,也在尽力适应这个新的阶段。你读了大学后,他们不能像高中那样天天跟你交流了,于是也在尽量搜索一些关于"大学"的信息以及别人家孩子读大学的信息。他们提起其他孩子的成绩也许并非是要把你跟他们比

较，而是希望你能从中找到激励和动力，给你一点点帮助（甚至不排除他们要特意找一些大学话题跟你聊，以缓解亲子分离带来的"空巢焦虑"）。你要"接住"他们话语中的关心，但要"稳住"自己的方向，要意识到：每个人的成长道路都是不同的，我们不能简单地将别人的成就作为衡量自己的标准。每个人都有自己的节奏和路径，有的人可能会早些找到自己的定位和方向，有的人则需要更多的时间和尝试。重要的是你要做最好的自己，而不是别人眼中的最好。

关于你的专业选择，我比较建议的是，选择一个你真正感兴趣并愿意投入时间和精力去学习的领域，这对你的未来发展是至关重要的。正如参加杭州亚运会的运动员们有不同的比赛项目，每个人都要选择适合自己的"项目"。大一在新生院学习的你，也正处在为自己设定合适比赛项目的阶段，这个选择需要时间、需要耐心，更需要你对自己的了解和热爱。你可以尝试和父母坦诚地交流，告诉他们你对计算机专业的看法和你自己的兴趣所在，让他们理解你的选择。说实话，这么重要的事情，如果家长和孩子之间不能取得一致的话，也会给将来的亲子关系埋下一个疙瘩。与父母的沟通也是我们今生躲避不了的功课。今天可能是学业方面问题的沟通，将来可能涉及在哪个城市发展、选什么工作，甚至是和什么人结婚而和父母沟通。和家人的沟通，态度要温和，要基于亲情和爱，但是又要清楚地表达自己的诉求。

最后是一个小小的提醒，大学并不仅仅是一个学习的地方，更是一个让你探索自我，发展全面能力的地方。尽管学业是重要的，但请不要忘记给自己一些放松的时间，去做你喜欢的事情，去和朋友们交流，去探索这个世界。你可以参加一些社团活动，比如摄影社、书法社或者户外探险社等，这些都能帮你缓解学习压力，同时也能帮你发现自己新的兴趣和才能。对了，上海的秋天也很美，"秋风清，秋月明"，周末有空了可以出门转转，让美丽的秋景化解你的焦躁。

希望你能在大学找到你的节奏和方向，同时也享受这个求学、思索、奋斗的过程。欢迎继续来信！

李博

2023 年 10 月 28 日

保持努力！但不能深陷"努力的陷阱"

来　信

老师：

　　您好，我最近压力真的好大呀！

　　第一，我有一种很努力但回报很小的感觉。现在总觉得有些事情不是我可以决定的。比如之前，我很用心地做了一个课程的大报告，老师的反馈也很好，就是由于期中考试有道题目的文件提交错了，所以最终还是没能拿到优秀。再比如之前的某个学院比赛，我很努力地和老师做了一个学期，不知是我不够努力，还是团队队友积极性不高，目前没有得到较好的成绩，我好害怕，害怕最后连初赛都进不了，害怕我的努力都打了水漂。再比如我参加数学建模比赛，真的很认真很努力，但是仍然没有获奖。这种很努力但没有收获的经历导致我不断怀疑自己的认知水平和能力，变得越来越小心翼翼、战战兢兢、患得患失。虽说之前的一些尝试确实提高了我的能力，但看到别人尝试一次就获奖，心里总是不舒服，毕竟保研只看你的成果，似乎对你的努力并不看重。

　　第二，我对自己的能力有着非常不清晰的认知。我在班上的成绩还可以，但我每次都太害怕所谓的"硬课"，不懂难和易的辩证关系，当学科很难的时候，我就会觉得"只有我不会"，会感到压力很大；但当我觉得很简单的时候，我就会怀疑"是不是大家都觉得简单"，那么要想拿到好名次也很难。这种错误的思想总是萦绕在我的脑海,尤其是对于简单的事情,我总是觉得"怎么可能这么简单?一定是我想错了或者是大家都会"。我没有那种"这道题简单我一定要做对"的果断,做每道题目都战战兢兢、患得患失,所以对于我的成绩我也患得患失。我上个学期绩点离拿国家奖学金的标准就差一点,由于总是够不到目标,导致我很焦虑。老师,这就是我现在存在的问题,您可以帮我解答一下吗?谢谢了!

回 信

亲爱的同学:

你好!非常欢迎你的来信。首先,我要为回复晚了向你表示歉意,工作上的各种事务确实让人应接不暇,但这不是延迟给你回信的借口。在你的这封信中,我看到了一个既自省又渴望进步的学生。你的认真态度和对自我能力的严格要求是难能可贵的品质,我相信这些品质将是你未来成功道路上的稳固基石。

对于你感到的努力与回报不成正比的问题,我忽然想起心理学的一个概念:可能你正在经历一个叫作"努力的陷阱"的心理状态——你把成功定义为外部的成果与奖励,而不是内部的成长与努力。这是一种很容易让人陷入其中的思维模式,因为我们生活在一个强调结果的社会中。当我们的努力没有得到及时的回报,我们很容易产生挫败感。然而真正重要的是,我们要认识到每一次的努力都是对自己能力的磨练,无论结果如何,这些经历都是你宝贵的财富,是不可量化的内在价值。

来信中可以看出，你已经是一位学业优秀的学生。国家奖学金的确是非常激烈的竞争，它的评选比例限制了许多优秀学生的机会。但是，即便没有获得"国奖"，只要你能够保持你现在的成绩和努力的态度，保研的大门对你来说仍然是敞开的。所以你的当务之急是，在努力的同时尽快鼓励自己走出"努力的陷阱"。成绩只是评价学术能力的一个方面，而你的全面发展和未来的潜力才是更重要的。关于你在成绩上的疑惑，我建议你尝试改变思维方式，从"固定的心态"转变为"成长的心态"。固定心态的人相信能力是固定不变的，而成长心态的人相信能力是可以通过努力提高的。当你面对难题时，告诉自己这是一个学习和成长的机会，而当事情变得容易时，也请相信自己有能力做得更好，去追求更高的目标。

你们现在读大学好像比我那时候要辛苦多了，感觉我们已经处在一个高度"内卷"的社会。在白热化的竞争中如何脱颖而出，选择好自己的赛道非常重要。我能从信中看出你对读研的渴望，我也认为这是一个非常好的关于未来学术道路的规划。你在考虑读研问题的时候，可以早点探寻适合自己的方向，选择一个你感兴趣的，同时又是一个发展前景广阔的细分领域，然后在这个领域内深耕细作，力争成为专家。在一个细分领域内出类拔萃，往往比在一个广泛领域中平庸要有价值得多。研究生阶段是一个非常好的机会，让你可以专注于研究，开阔你的学术视野，并且建立你的学术网络。

在面对失败和挑战时，你的焦虑和不安是可以理解的。但请明白成就背后都隐藏着无数的失败和挫折。这些经历不是用来打败你，而是为了塑造你。面对挑战时，保持乐观的心态和成长的心理是非常重要的。每一次的努力和失败都是向成功道路迈进的一步。对于你的疑惑和焦虑，我建议你可以开始做一些小的计划，设定短期和可实现的目标。随着你一步步实现这些小目标，你的自信心会得到增强，你的掌控感也会随之增强。同时，也请尝试练习自我慰藉和积极的自我对话，当你感到不安和焦虑时，给自己一些正面的肯定和鼓励。继续保持你的努力和热情，相信自己，坚持下去，成功就在前方。

希望我的回复能为你带来一些帮助。如果你有更多的思考和问题，我始终愿意倾听和支持。欢迎你来"猫头鹰工作室"交流，毕竟当面的交流可以碰撞出更多的火花。另外，我也很想跟你当面分享一下我经历过的"努力的陷阱"。

保持勇气和希望，前路似海，来日方长。

李博

2024年3月19日

如果我不再优秀,会像开败的郁金香不再被爱吗?

来 信

李老师:

您好!我是同济大学的学生,长期关注您的公众号,受益匪浅。近日有些困惑希望向您请教,但似乎字数超出了提问箱的限制,因此发邮件给您。冒昧打扰,恳请海涵!

近日春光正好,我注意到嘉定校区内各种各样的鲜花盛开,每次路过都会觉得心情格外好。两周之前,仰望星空下各种颜色的郁金香正在盛开,看起来非常喜人,很多同学都驻足观赏,我也拍了几张照片;但是上周郁金香的花期过去,逐渐衰败,慢慢无人问津;直到今天,我发现曾经花朵凋零后残留的郁金香花茎已经被完全铲除,全部换成了另一种正在盛开的黄色的花。当然这种黄色的鲜花也非常好看,但是我却有点失落,仔细一想,是为郁金香感到失落。我们栽种鲜花,给予植物生命和绽放的机会,但仅因为它们不再美丽,就完全剥夺它们继续"生"的权利。这些铲除的郁金香去哪了呢?除了被扔掉,似乎没有别的可能。生命平等、怜惜草木,这是我失落的一部分原因。另一部分原因,我想到了我自己。我们对待郁金香的态度,其实代表了我们即使不愿明说,但依然根植于深处的价值体系:当我们不再美丽、不再优秀、不再完美、对他人来说不再有价值时,就会被他人抛弃。我曾经一直压力很大,因为我潜意识中的逻辑是"只有我足够优秀,别人才会一直爱我,所以我要一直努力保持优秀"。

我的咨询师还有我父母都告诉我这个想法并不对，但是真的吗？如果有一天我真的卷不动了不再优秀了，大概还是会落得和郁金香一样的结局吧……

抱歉打扰，再次感谢您，期待您的回复！

回　信

亲爱的同学：

你好！首先，非常感谢你对信箱的关注和信任。你的来信充满了对生命和人性的深刻思考，让我不禁感叹你的睿智和敏感。你提到的困惑和疑惑，其实是每个人在成长过程中都会遇到的问题，而你能够如此勇敢地直面并探索，实属难能可贵。在这里我先谈一些感想，以下的回复融合了我和毛惠彬老师两个人的观点：

新陈代谢是客观规律，长江后浪推前浪也是客观规律。客观规律不能由你我自由选择，不随你我意志而转移，不能被你我改变，对谁都是平等的。我们只能认识它、适应它、顺应它、利用它，让它发挥作用的时间、地点、方式更加有利于你我的生存和发展，努力减轻它对你我生存和发展的不利影响。同样，人生就是：出生、长大、辉煌、衰落、离世。人生就是走上历史舞台，到退出历史舞台，让出舞台给后继者，接续人类历史。人生必然会步入衰落阶段。人生有限，人是会死的，这不能改变，只能直面。进一步说，有限的人生也不可能永远处于高光时刻。"科学学"告诉你我，人一辈子创造力的高峰期更是有限的，主要处于

25~45岁。45岁后，人生就进入"午后"时分，人的创造力大概率也会走"下坡路"。

可人和植物毕竟不同，你有自己宝贵的"主观能动性"。以前我看过一部电视剧《雍正王朝》（是唐国强版的电视剧，你如果课余时间有空也可以去看看，剧情很不错），里面有一段"众皇子狩猎"的情节。在狩猎场上，康熙和弘历讨论起射猎杀生是否正确的问题，小弘历说："天生万物本来就是供人取用，我大清的祖先们以射猎为生，就像中原的汉人以耕田为生一样，都是上天交给我们的谋生之道。"在这个对答中，弘历的逻辑起点就是"人和动物是不同的""人和万物是不同的"。我们现在也要站在这个逻辑起点来考虑问题。嘉定校区的花儿在开败了之后就会被清理，郁金香是无法决定自己的命运的。但是我们不一样，我们有主观能动性和实践能力，我们可以部分改变自己的命运。譬如我们可以把这个主观能动性用于学习、工作和生活等，来改变自己的职业生涯和生活轨迹。

对你而言，更重要的是要把主观能动性用在心态转变和人际关系积极转向中。不必缩在角落消极"等待被爱""怕不被爱"，而是勇敢去爱别人、关心别人。在人际交往中，积极主动地建立联系和表达情感，不仅是心灵交流的桥梁，更是心灵成长的源泉。这种主动的情感投入，可以促进我们与他人之间的情感互动，培养出更为深厚的人际关系。通过展现出真诚的关怀和友爱，我们不仅能够收获更多的支持和理解，还能够在心灵上得到更深层次的满足与愉悦。正如有人说的，"爱别人，就是最好的爱自己"，在我们主动投入关怀与爱的过程中，我们也在慢慢地完善自己，提升自己的情感智慧和修养。我们在爱别人的过程中，会收获更多"我也被爱"的笃定。此外，主动关心他人也会在我们的心灵深处播下一颗善良的种子，让我们的内心变得更加宽广和充实。当我们愿意倾听他人的烦恼、分享他人的喜悦时，我们将会发现，心中的困扰和焦虑也会因此而减轻，更能够感受到无私奉献所带来的无穷喜悦和满足。正如一朵绽放的鲜花，只有在散发着芬芳的同时，才能真正体会到生命的意义和价值。

当客观规律催着我们不再"鲜艳"，我们依然可以用充沛的主观能动性让人生有"不一样的色彩"。在自然界中，"落红不是无情物，化作春泥更护花"。落花不是废物，依然有它存在的价值——化作春泥更护花。在人生进入黄昏阶段，同样可以继续为人类、为世界做出贡献、刷出存在感。不说早早结束运动员生涯的世界乒坛巨星刘国梁，转岗教练员以后迅速成为世界级乒乓教父。就说邓小平同志吧，1992年1月18日至2月21日，88岁高龄的他在视察武昌、深圳、珠海、上海时发表著名的"南方谈话"。这篇谈话被誉为把"在改革开放中胜利实现社会主义现代化"事业推进到新阶段的又一个解放思想、实事求是的宣言书。可见，人绝不是纯粹的自然物那样"越老越腐朽"，而是有意识的历史存在物，具有充沛的主观能动性和实践能动性，在生命的各个阶段都可能绽放出耀眼的光芒，包括晚年。

正因为如此，黑格尔在《法哲学原理》中写下了那句著名格言："密涅瓦（古希腊智慧女神雅典娜的音译）的猫头鹰总是在黄昏时起飞。"人生到了黄昏时刻，智慧更趋成熟，虽然体力已经不允许自己直接担任前锋去冲锋陷阵，但正适合担当青年的导师和教练，把下一代扶上马送一程。因此，也有人说，45岁是学习哲学的最佳时间，早了，无法完全理解领悟哲学的真谛。所以，与其过多想像自己颜值、体力下降后的那些岁月会如何如何，不如抓住和投身于当下，在创造力勃发的短短20多年时间里，当好"运动员"，创造最亮眼的战绩，为未来创造力下滑的岁月里成为一名智慧的人生教练积累经验和资本。人生每个阶段都有属于自己的星空，脚踏实地走好今天的每一步，在每一步行程中，你都能发现属于自己的星空。与其感叹岁月流逝，不如乘坐时光列车，仰望星空，收获精彩。

　　最后的最后，想告诉你：总有人无条件爱着你！

李博

2024年5月15日

那个因考89分被轮番批评的小孩,已经长大!

来　信

老师:

您好!想问问怎么解决考试焦虑啊,虽然考了很多次,但是每次都特别特别焦虑。高中的时候每次月考基本上提前一个月开始焦虑。后来学车考"科目二"焦虑到手抖,一边哭一边考,最后居然奇迹降临一次过了。上了大学之后,每次考试从开始复习那天起就开始焦虑,一复习就哭,不复习就感觉自己完蛋了。下个月有一场考试,本来已经学了很久而且时间完全来得及,结果又开始焦虑……刚刚上课的时候,不知道什么原因又头晕又想吐。可能是和我从小到大的教育有关吧,记得小学有一次考了89分,被班主任和家长轮流骂,我朋友也劝我还有很多机会,一次不成功还有很多次,道理我都明白,真正到自己身上就不是那么回事了。现在我在地铁上一边哭一边敲这些字,准备等会给自己买个小蛋糕吃嘿。

回　信

亲爱的同学:

你好!非常欢迎你的来信。虽然你的焦虑让人很是担心,但看到"小蛋糕"这个情节我还是忍不住笑了……这是一个温暖、可爱又治愈的举动。我甚至想问问你买的哪家的蛋糕,我也很想买一块。

考试焦虑是许多学生都会经历的一种情绪反应，它源自对未知的恐惧以及对成绩的高期望。从你的描述来看，这种焦虑感已经在你的学习生涯中占据了相当大的一部分，从高中时期到学车，再到现在的大学生活。我想，最重要的是你已经意识到这个问题的严重性，并且愿意寻求帮助和解决方案，这是向前迈出的第一步。其实考试只是实现人生价值和理想的手段之一，但在"考试焦虑人"的潜意识里，却把考试成绩看得高于一切，这实际上就是把手段看成了目的，颠倒了目的和手段的关系，成了手段的奴隶。这是一种学习目的的"异化"，其实也是价值观的异化。

在最近的一次考试到来前，你想到了先买块蛋糕犒劳一下自己、压压惊，这个小小的举动显示了一个变化：你开始无意识地发现考试并不是一切，过于看重考试可能会得不偿失，考试占据了人生议程上过高的位置之后反而会让人生付出过高代价。这个小小的举动，可能就是治愈你考试焦虑症的契机。人生仅仅有考试是不够的，你的心理健康同样重要，要确保给自己足够的关爱和支持。无论你走到哪里，无论你遇到什么困难，请记得，对自己温柔一点。当你的内心充满了勇气和智慧，足以渡过任何难关。当焦虑感来袭时，请对自己温柔一些。你提到要给自己买一个小蛋糕，这是非常好的自我照顾行为。焦虑来袭时多给自己一块"小蛋糕"，允许自己享受生活中的小确幸，也是对抗压力的一种方式。

曾经，你是一个因考89分被轮番批评的小孩。我甚至能想像出一个被批评的小朋友正在瑟瑟发抖的样子。但随着时间的流逝你在慢慢成长，你通过高考进入同济，你在同济考了许多的考试。对了，你还强大到哭着就能考过"科目二"（说起来我怎么那么笨……我的"科目二"考了三次）。其实你已经开始"翅膀硬了"，总有一天你会更加强大。你要时常告诉自己："我有一双随时准备好的翅膀，它们正在一点一点地变得坚硬和强大。"每一次挥动，都会带你更接近蓝天。成绩只是你飞翔过程中的一小部分风景，真正重要的是，你愿意展翅，愿意飞翔，愿意追求更广阔的天空。所以，吃完那个小蛋糕后，记得告诉自己："我的翅膀一定会硬的！"而且我敢打赌，到那时候，你会飞得很高很远。

每个人在成长的道路上都会遇到挑战，关键是如何面对和克服这些挑战。你已经展现出了勇气和自我反思的能力，相信你完全有能力战胜这些难关。我建议你与家人或者心理咨询师谈谈自己的焦虑感。有时候，把内心的恐惧说出来，就是减轻负担的方式之一。心理咨询师可能会提供一些策略或资源来帮助你应对考试压力，而家人的理解和支持也会成为你强大的后盾。当然，也欢迎你来猫头鹰工作室面对面交流。

加油，未来的天空等着你去征服！

李博
2024 年 3 月 18 日

大学生，真是卷又卷不动、躺也躺不平啊！

来　信

老师：

您好。上了大学以后，我总是处在非常焦虑的状态下。我不知道怎么提高我的绩点，每次考试或者小测，我都要提前焦虑好久好久，考试前经常一整个晚上都睡不着。而且我们专业的保研率很低，也很卷，我之前的绩点不太好。老师，我真的很想放弃保研这条路，像很多大学里面混日子的同学一样，每天吃吃喝喝玩乐，然后不挂科就行，可是家里人又希望我读研究生。考研的话，我怕到时候考不上，所以又不敢彻底躺平，处于一种"卷又卷不动躺又躺不平"的焦虑状态。而且我感觉大学里面很多课程都是即便认真学习了也没有什么用，老师讲的东西跟考试严重脱节。老师，我真的很想放松、想躺平、想什么都不管，我真的不知道怎么控制自己。

回　信

亲爱的同学：

你好！感谢你向我分享你的困扰和内心的焦虑。这是一件非常需要勇气的事情，我很欣赏你的坦诚。大学的生活总是充满各种挑战和不确定性，你在来信中提到的焦虑和压力，是许多大学生在这个阶段共同的感受。我先谈一点感受，希望能给你带来一点支持和启发。

首先，沙漏一次只流过一粒沙，人一次只做一件事。记得中学的时候读卡耐基的书，他在《心静的力量》中有过一个比喻：生活就像一个沙漏，沙漏的上一半，有成千上万粒沙子，它们都慢慢地且均匀地流过中间那条窄缝，除非弄坏沙漏，我们都无法让两粒沙子同时通过那条窄缝。包括你我在内的每一个人，都像这个沙漏。我们每天有很多工作要完成，我们也有好多事情计划在将来完成。可我们每次只能做一件事情，让它们慢慢而平均地通过这一天。像沙粒通过窄缝一样，否则就一定会损害到我们的身体和精神了。"一天的难处一天当"就可以了，不要让考研、保研这些未来的事情影响你现在的健康。

其次，在大学这段旅程中，身心的健康比任何成绩和荣誉都重要。"给自己放松的时光，允许自己慢下来"不仅是一个建议，更是一种必要的生活方式。焦虑和压力有时候会使我们失去方向，只有在放松和平和的状态下，我们才能看清真正的目标。我们可以从许多成功人士的故事中学到，他们之所以能够达到今天的高度，往往不是因为他们不断地"卷"，而是因为他们知道何时需要休息和充电。记得有一位我非常敬仰的学长，他在大学前半段面临巨大的学业压力（当时他说自己高考"压线"进的同济，学习底子有点差），但他选择了合理安排时间，确保有足够的锻炼身体的时间和休息时间。最终，他不仅顺利完成了学业，还在体育运动方面发展了许多兴趣和技能，这些都为他后来的职业生涯打下了坚实的基础。有时间的话我会请他跟"猫头鹰信箱"的读者分享、交流。

至于你提到的保研和考研的目标、"卷"和"放弃"的两难，我的感觉是，选择不必总是极端的。你说自己被两难的选择所困扰——既不想完全放弃，也难以全力以赴。在这里，我想提醒你，生活并不总是要求我们做出彻底的选择。很多时候，大学生容易陷入"卷"的漩涡，觉得不拼命努力就会落后。然而，放弃"卷"并不意味着就可以每天吃吃喝喝玩乐。学习的目的是获取知识和提升能力，而不是成为竞争的牺牲品。你可以尝试找到一种平衡，在确保基础课程过关的情况下，给自己一些自由的时间去做喜欢的事情，比如阅读、运动或者和朋友聊天。找点时间去享受大学生活，找到平衡点是关键。

关于你提到的大学课程与考试内容脱节的情况，我的感觉是，授课和考试体系确实会有一些不完美的地方，但不要让这个成为你学习的障碍。老师授课的内容可能在设计时，就不是和考试一一对应的。你可以尝试找到与考试内容相关的辅导书、真题等，或者和同学一起讨论，互相帮助。同时，积极与老师沟通，我觉得我们的老师还都是挺 Nice 的。在有可能的情况下，了解一下老师们的期望和考试的重点，这样你就能更好地针对考试进行准备。

如果你觉得需要更多的帮助，我鼓励你联系学校的心理咨询中心，他们有专业的人员帮助你应对焦虑和压力。此外，猫头鹰工作室也有我们学校的心理咨询中心的专家，你的辅导员和导师也是你的支持资源，他们都可以为你提供建议和帮助。

大学生活不仅仅是关于学习和成绩，更是关于成长和寻找自我。猫头鹰工作室制作了"亲爱的学霸小木头人"明信片，欢迎你来找我领取！成长的路上，我们都曾是一个迷茫的"小木头人"。借小小的明信片祝福你一切顺利，心情愉快！

李博

2024 年 4 月 25 日

保研边缘人,大三下学期如何从焦虑中自救?

来　信

老师:

　　您好,我是一名大学三年级处于保研边缘的学生,有一定概率能拿到保研名额。但由于我的成绩排名太难看,没有进入专业排名前30%,导致许多学校的夏令营我都入不了营,所以最近非常焦虑。既担心自己研究生没有学校可去,也担心如果保研失败再考研,时间上会来不及。而且自己前五个学期也有在努力学习,但是成绩仍然不理想,在高手如云的专业里更是感到自卑,甚至有时候会后悔当初在专业分流时做出的选择。所以想问一下老师,我现在应该怎么做才算是正确的决定呢?

回　信

亲爱的同学:

　　你好! 非常欢迎你的来信。大学生涯的每一个阶段都有其独特的挑战,而你现在正处在一个关键的十字路口上。首先我想说,大三能够处在保研的边缘,已经是取得了相当不错的成绩。在激烈的学术竞争中,能够站在这样的位置,本身就说明你拥有过人的学习能力和坚持不懈的努力。请你为自己至今的努力和所取得的成就感到自豪。所以,请允许我对你这些年来的付出表示衷心的赞赏! 无论结果如何,你的努力都是值得肯定的。在这里我先谈一点感想供你参考:

首先，3月到6月仍然是"搏绩点"的黄金时间。在接下来的三个多月里，直到期末考试，这段时间无疑是宝贵的。它是你提升学术成绩、加深专业理解的黄金期。哪怕是微小的成绩变动，都有可能带来排名的变化。请相信，通过有计划、有目标的学习和复习，你的成绩和排名有可能得到显著提高。你所需要做的是，设定清晰的学习目标，然后制订详细的计划。每天都要有条不紊地学习，确保理解并掌握每个知识点。同时，也要适时地从学长、学习委员那里找一点往年的期末考试试题，这样可以帮助你了解当前的学习状况，并根据反馈调整学习方法。

其次，以你的学业基础，从7月开始准备考研并不晚，何况后期还可以上点"外挂"。你的学习基础应该是很好的，起码英语、政治、数学的水平都在平均线以上。我记得我读大四的时候，我们班一位女同学是从10月份开始准备考研的，后来考上了上海交通大学微电子专业（是真的从10月开始，因为她9月份的时候保研出了点问题。我还记得她大哭了一场，然后去交大附近租了房子考研）。既然你已经开始考虑考研，建议你及时规划和准备。同时尽量寻找和利用所有可以利用的资源作为"外挂"：包括积极搜集往年的考研题目，通过做题来了解考试的形式和常见的题型；对于英语和政治等科目，报名参加辅导班可能是一个不错的选择。专业的辅导可以帮助你提高学习效率，更快地掌握核心考点。如果可能的话，加入或组建一个考研学习小组，和志同道合的同学们一起学习。这样可以互相激励和帮助，同时也能提高学习效率。

再次，要学会调整精神状态、精简课外活动、保持乐观心态。建议你保持规律的作息，保证充足的睡眠时间，这对于保持良好的学习状态和心理状态非常重要。避免熬夜，因为长期熬夜会影响你第二天的学习效率和注意力。另外，虽然课外活动能够丰富你的大学生活，但当前阶段，你可能需要暂时放下那些与你的学业和职业目标不那么紧密相关的活动，以确保有足够的时间和精力来专注于最重要的任务。在准备考研的过程中，你可能会遇到挫折和困难。这时，保持积极乐观的心态尤为重要。合理安排休息和娱乐时间，适当的放松对于长期保持学习状态是有帮助的。

最后，要记住：往前走，不要悔。至于专业选择方面的后悔，我理解你可能感到当初的决定不如预期般完美。然而，每一步选择都是成长的一部分，我们不能改变过去，但我们可以影响未来。现在最重要的是，专注于如何利用现有的资源和条件，尽可能地为自己的未来打开更多的门。无论选择哪条路，最正确的决定总是伴随着自我提升和努力。保持积极的心态，坚持不懈地做好每一步，就已经是正确的选择了。你已经在正确的道路上，只要坚持下去，你的未来一定会是光明的。

如果你需要更具体的建议，我也非常乐意为你提供帮助，非常欢迎你来线下聊天。也许我提供不了最完美的建议，但我经常会找到合适的老师、学长学姐来帮助需要帮助的同学。

祝你前程似锦，学业有成。

李博

2024 年 3 月 15 日

学业社交焦虑，时常落寞、失眠、掉眼泪，还有救吗？

来　信

老师：

　　我是大一新生，诸事焦虑且不顺：学习上绩点低，焦虑但行动力低、易胡思乱想，一想到保研希望不大而考研又无从下手，就觉得做事没有动力；人际关系方面，我因为社恐，有很严重的社交焦虑，所有的发言、自我介绍、课堂展示、面试之类的活动都让我精疲力尽，往往耗光了勇气还得不到好的结果；人际交往上我屡屡遇挫，在大学里没有什么好朋友，想交朋友却不知道应该怎么做；恋爱方面我也非常不顺，在许多同龄人已经脱单了的情况下，我经过了几次失败的暧昧经历后近乎丧失信心。最近我的情绪大起大落。在夜深人静或者走在吵闹的、人来人往的大街上时，我都会莫名其妙地觉得落寞，失眠，掉眼泪，我还有救吗？

回　信

亲爱的同学：

　　你好！非常欢迎你的来信。从你的来信中，我能感受到你的困惑和挣扎。我想告诉你，你并不孤单。十几年前的我，曾经在日记本上抄录了这样一句话："没有在深夜痛哭过的人，不足以谈人生。"当时之所以抄录这样一句话，就是因为自己刚刚在深夜痛哭过……

大学是人生中一个全新的开始，在这里既有机会也有挑战，每个人的适应方式都不尽相同。你的感受是可以理解的，也是值得尊重的。在这里，我有几点初步的感想供你参考：

首先，不要把未来四年、甚至十年的忧虑都放在肩上；一天的难处一天担当就够了。有时候，当我们把目光放得太远时，眼前的道路就会显得特别艰难。从信中看出你非常忧心你的学业，非常担心绩点和未来的保研或考研前景。学业的压力确实是现实的，请试着一步一步来，每天做一点，一门一门课地去克服。试着将那些对未来四年、甚至十年的忧虑放下，专注于今天，专注于现在能做的事。记住，每一次努力，哪怕看似微小，都是通向成功的一步。

其次，对于你提到的社交焦虑，它确实是一个需要克服的难关，但也请你知道，每个人都有自己的节奏和方式。不是所有的人都在大学找到终生的朋友或伴侣，也不是所有的人都需要在大学期间进入一段关系。建立联系和关系，这需要时间和耐心。我鼓励你抱着"轻松玩耍"的心态参加一些你感兴趣的社团或活动，这样可以让你在不那么压力重重的环境中逐步建立自信，找到志同道合的朋友。而每次的尝试，不论结果如何，都是值得骄傲的勇敢行为。在爱情的道路上，你提到感到挫败和丧失信心。爱情不是一场赛跑，没有先来后到。你现在可能不到20岁，未来的路还很长，不需要着急。我甚至觉得你的"爱情商"挺高的，才大一就有了好几段暧昧的经历，我本科时宿舍有个大哥，大学四年一次暧昧的经历都没有……不管怎样，每一段经历，无论是甜蜜还是苦涩，都是我们成长的一部分。它们让我们学会了如何去爱，如何成为更好的人。

  再次，寻求帮助是一件勇敢的事情，它证明了你愿意为了自己的健康和幸福去努力。我想告诉你的是，你已经很勇敢了。你在面对困难时没有选择逃避，而是选择了给"猫头鹰信箱"写一封信来倾诉，这本身就是一种进步。每一滴眼泪，每一个失眠的夜晚，都是你成长中的一部分。它们并不是你的弱点，而是你变得更加坚强的印记。你的情绪波动和失眠，表明你已经承受了很大的压力。我建议你，如果可能的话，预约我们学校心理咨询中心的老师进行咨询，他们能够提供给你专业的支持和帮助。我们猫头鹰工作室的专家团队里也有专业的心理咨询师，也愿意为你提供帮助。

  最后，我希望你能够每天给自己一些温柔和耐心。不要忘记，生活不仅仅是成绩单上的数字，它更是你在这个世界上独一无二的旅程。我相信你会找到属于自己的节奏和幸福。请记住，无论遇到什么困难，都有人愿意听你倾诉，帮助你。作为一个喜欢在深夜回信的"夜猫子"（猫头鹰公子），我也愿意成为你的支持者和倾听者。未来的路虽然不可预知，但也充满了无限可能。请相信，不论路途多远，只要你愿意迈出步伐，总会有美丽的风景。

李博
2024年3月7日

父亲从高管到失业,我也陷入内疚焦虑,怎么办?

来　信

猫头鹰老师:

您好!我是一名大一的学生,最近觉得压力特别大,几乎处在崩溃的边缘。春节的时候得知我爸爸被裁员了,他现在没有正式的工作,帮人做点零散的项目。原本我是不知道这件事的,但是这个寒假我家没去外面度假,我一问才知道他已经失业半年多了。我爸原本是企业的高管,我家条件算是比较好的,从小我就吃好的用好的,现在觉得从小到大没帮过他们什么,还很不懂事,老想着度假什么的,心里很内疚。目前我上学暂时没有经济困难,不过我家在外地的一套海景房可能因为收入问题没办法继续还贷款。我原本想着到本科毕业后去国外读书,但是现在感觉也不可能了。关于大一的专业选择,我原本抱着较为佛系的心态,想着能进热门专业就进热门专业,进不了的话也没关系。但现在忽然又觉得很想进一个热门的专业。而我上学期的成绩并不好,我有时候想到这里,晚上会偷偷地哭。猫头鹰老师,请问我应该如何调试自己的心态呢?

回　信

亲爱的同学:

你好!非常欢迎你的来信。我想告诉你,能够在这样一个阶段给我写信,分享你的心声和困扰,本身就是一种勇气的体现。面对困难,选择开放地交流、寻求建议,这是一种成熟和富有责任感的表现。你提到了关于家庭、未来规划以及专业选择的担忧。我理解这一系列的变化和不确定性给你带来了巨大的压力。在这里我先谈一点小小的感想供你参考：

首先，在合适的时间考上同济大学，你已经承担了自己的责任。来信中提到，由于家庭经济出现变动，你目前有很大的内疚感，觉得长时间以来你一直享受父母给予自己的一切，却不能为他们做什么。其实作为一个大学一年级的学生，你通过努力考上同济大学，已经为自己和家庭承担了应有的责任。就如同我们不能期待一个十岁的孩子去承担超越年龄的责任"见义勇为"一样，我们也不应该期待一个大学一年级的学生在经济上撑起整个家庭。这个时候，最重要的是做好自己的分内事，也就是专注于学业和个人成长。

其次，保持对父亲的关心、信心和鼓励。关于你父亲的情况，我想请你保持信心。一个有着企业高管经历、年富力强的人，必定拥有足够的能力和经验去面对挑战和困难。他过往的人生之路肯定也不是一帆风顺的，面对这次职业生涯中的巨大挑战，相信他也能够找到破解之道。作为家人、子女，你能做的就是给予他信心和支持，让他感受到家庭的温暖和力量。

再次，追求热门专业固然有其现实考量，但不应成为你选择专业的唯一标准。一个人如果能够从事与个人兴趣和能力相匹配的工作，不仅能够提高工作效率和创造力，还能增加个人的职业满意度和幸福感。如果盲目追求热门而忽视个人兴趣与能力的匹配，可能会导致未来在学习和工作中感到疲惫和挫败，长远来看，这不利于个人的职业发展和心理健康。更何况，所谓的"热门"随时代变迁而变化，而真正的兴趣和擅长却是个人最宝贵的资本。正好现在新生院和各个专业学院都在做"专业认知"活动，我鼓励你利用现在的时间，通过阅读、实践、咨询等多种方式，找到那些真正让你兴奋、愿意深入研究的领域。记住，选择专业不只是为了一个文凭或是一份工作，而是为了你的未来生活和自我实现的道路。关于你的未来规划，特别是关于研究生阶段的考虑，我想说，目前国内许多硕士专业都具有很高的"性价比"，不仅教育质量优秀，而且相对来说经济负担较轻。

如果在经济上遇到困难，请不要犹豫，及时与老师沟通。我以前在学校的"助学服务中心"工作过，有信心这么说：我们同济大学有完善的资助体系，能够为有需要的学生提供帮助。记住，求助并不是一种软弱，而是解决问题的一种方式。同时，我也欢迎你随时与我线下交流，无论是学业上的疑惑，还是生活中的困扰，我都愿意倾听和给予帮助。

最后，关于如何调整心态，我想说，给自己一点时间，允许自己去感受这些压力和情绪，然后慢慢找到自己应对的方式。无论是通过运动、音乐、阅读，还是与朋友、家人的交流，找到那个能让你放松和充电的方式。记住，你不是一个人在战斗，周围有很多愿意伸出援手的人。生活总会有起伏不定的时刻，但请相信，每一次挑战都是成长的机会。你已经在正确的路上，继续前行，前方定会有更广阔的天地等着你。

李博

2024 年 4 月 10 日

毕业五年感觉孤独，却对恋爱、交友都失去兴趣……

来　信

老师：

您好！我是一位已经毕业五年的往届毕业生，目前已经在工作，但总感觉自己还不够成熟。今年过完年之后，之前经常在一起玩的小伙伴好像突然就都找到了女朋友。对于我和我的朋友们"找女友"这件事，有两点很困扰我的地方。

首先，家里人也一直在催促我找女朋友结婚，但是我心里没有一点找女朋友的想法。因为我感觉找不到去找女朋友的理由或者是动力，感觉只是到了那个时间点需要去完成这样一个任务，而且找女朋友还得主动找聊天话题、猜她喜好、培养感情，个人觉得很麻烦，有种"不值得"的感觉，这样的想法是正常的吗？

然后，之前经常在一起玩的朋友突然就都去陪女朋友了，他们有的在工作日晚上去找女朋友聊天，有的周末坐高铁去省外赴会。而我和朋友们以往的习惯是工作日晚上偶尔一起玩，周末也经常出去玩。现在状态突然变了，我觉得特别不适应，我觉得朋友就要整天腻歪在一起，现在不能再和朋友一起玩，特别的失落。现在环境变了，我有种想逃离这个既有的"朋友圈"的想法，又不想去结交新的朋友。就和上面说的找女朋友一样，我觉得交新的朋友也很麻烦。面对现在这个处境，有什么解决办法吗？

希望得到您的回信!

祝：身体健康，工作顺利!

往届毕业生

回　信

亲爱的往届毕业生：

你好！非常欢迎你的来信。在这纷扰的世界里，你的坦诚以及对生活的真诚探求是一股清流；你现在的困惑和思考，也都会成为你未来成长道路上的宝贵财富。在这里，我先简单谈一点感想供你参考：

首先，生活是一场不断变换的舞台，成长的过程本就伴随着"旧的社会关系"不断"剥落"。大学毕业加入社会工作和生活，是人生新里程的开启，也是人生新功课的开端。正如人的18周岁，是生理性成人、法理上"成人"的标志；而大学毕业走向社会的"社会性成人"，则带给人更大的挑战，因为这段时间是"旧的社会关系"的"集中剥落期"。就像你说的，当我们的朋友进入新的生活阶段，他们的时间和精力可能会被新的关系（去谈恋爱，去结交其他朋友、同事等）所占据。在大学毕业之前，我们处在亲情、同学情、老乡情的包围圈中；毕业之后，面对陌生的同事、异性、路人，我们要构建新的情感联系和支撑——同事关系、婚恋关系、非同事或婚恋关系的朋友关系。这些新的关系和亲情、同学情、老乡情最大的不同，就是人际关系客体化——掺杂了更多利益竞争关系和权利义务关系。这些关系远没有亲情、同学情来得纯粹和同质。这是人大学毕业之后必须面对的社会关系,你所体会到的失落和不适,是因为习惯了一种生活的节奏和交际的模式,当这种模式被打破,心中难免会有波澜。

其次,第一次如此清晰地直面孤独,产生"不适应"是非常正常的。正因为原有社会关系的"集中剥落",导致大学毕业之后的这几年,最大的特征就是"独立"。我们不得不独立面对一切,以及和独立如影随形的孤独。第一次这么清晰地直面孤独,我们必然会发生束手无策、无所适从、茫然若失、举棋不定、踌躇不前,甚至有一种惶惶不可终日的感觉。解决这个不适应的过程,就是自己完成"成人"过程、成为一个"成人"的过程,就是开启一种自觉的人生历史。所以现在,你面临的挑战和机遇并存,不确定性和希望同在。

至于解决办法,我建议你首先完全接纳自己的情感。无论是对恋爱的不感兴趣,还是对朋友关系变化的不适应。接纳之后,试图去理解这些情感背后的原因。比如关于恋爱,如果此刻你感觉追求爱情对你而言是一种负担而非愉悦的经历,那么退一步等待自己内心的真实感受,也是一种自我尊重的表现。相信随着时间的推移,你对爱情的态度会有自然而然的转变。然后给自己一些时间和空间,去探索新的兴趣和活动,也许在这个过程中,你会遇到志同道合的人。同时,也不妨尝试着去理解和接受朋友们的改变,毕竟每个人都有权利选择自己的生活方式。

另外,这个阶段也许是你事业发展的绝佳时机。对我们每个人来说,成为成人、走向独立,代价是孤独,但也收获了自由。

孤独意味着个人身心受外界打扰的大幅度下降，思考和行动的时间空间自由度大增。没有恋爱关系的牵绊和社交活动的分心，意味着你拥有足够的时间和精力来集中于个人和职业成长。你完全可以将这份"孤独"视为前进的动力，而非停滞的借口。你可以通过学习新的技能、深化专业知识或者扩展你的职业网络来提升自己。想一想，这些年来你积累的经验和知识，是多么宝贵的财富？现在，是时候将这些财富转化为向上攀登的阶梯了。把时间投身于工作和个人发展中，不仅能够提升你的职业技能，还能让你在未来的某一天，当你遇到那个"特别的人"时，你能够自信地向她展示一个更加成熟稳重、充满魅力的自己。而这种自信和成就感，也会让你在其他社交场合中更加游刃有余。

　　希望我的回信能给你一点点启发。也祝你在未来的日子里，无论是工作还是生活都能找到自己的节奏，走出一条属于自己的精彩人生路，并在对的时间遇到对的人。

　　3月底同济大学的樱花就开了，欢迎你到时候来同济赏樱并找我喝茶！

李博
2024年3月4日

内向是一份礼物，享受做一个"i人"！

来　信

老师：

　　您好，我是一个"i人"，平时特别害怕聚会这些活动，害怕大家都三五成群而自己孤单一人的样子，可是自己内心是比较喜欢一个人呆着的，但又害怕自己看起来非常不合群，对于这些聚会我该怎么办？

回　信

亲爱的同学：

　　你好！非常欢迎你的来信。跟你一样，我也是一个"i人"，也有过这样的困扰，不过目前已经逐渐适应并享受自己是一个"i人"啦。

　　你提到害怕参加聚会的感受，我个人认为这可能与社交焦虑有关，它是一种常见的担忧，源于对他人评价的过度关注和预期的负面评价。然而，心理学告诉我们，人们通常并没有我们想像中那么关注我们的行为或外表，这被称为"聚光灯效应"。因为大多数人都忙于思考自己的事情，而不是评判他人。

　　以前我"内向焦虑"的时候，曾查过历史上许多"内向"名人的例子来鼓励自己。许多人——包括历史上一些最伟大的思想家和艺术家，都有着内向的性格。著名的理论物理学家爱因斯坦，曾被描述为内向和独立，他享受独自工作并深思熟虑。钢琴家肖邦简直是一个社恐患者，从小性格内向、生性胆怯。对比其他钢琴家，他的公开演出简直是少之又少。我记得以前读书时还看过到形容太尉周勃的一句话："周勃厚重少文，然安刘氏者必勃也。"忽然觉得："厚重少文"说的不就是我这样的人嘛？哈哈哈。

所以，作为一个内向的人，你拥有许多独特的优点和可能性，这些都值得你为之骄傲和享受。内向并不是一个需要克服的障碍，而是一种可以拥抱和利用的性格特质。事实上，很多内向的人发现，他们的内向性格赋予了他们深思熟虑、高度专注和丰富的内心世界。这些特质是非常宝贵的，尤其是在需要耐心、细致和创造性的任务中。例如，内向的人往往是优秀的倾听者，他们能够真正地理解和共情他人，这使得他们在建立亲密关系和有意义的人际关系方面有独到之处。而且，内向者通常善于观察，他们对细节的敏感使他们在艺术创作、写作、科学研究等领域能够作出独特且深刻的贡献。

在社交活动方面，虽然大型的聚会可能让你感到不舒服，但你可以享受和一小群朋友或在一个安静的环境中进行的亲密聚会。这样的安排可以让你的社交体验更加愉快和有成效。你也可以通过自己的方式表达对朋友的关心，比如写信、发信息等。在这些互动中，你可以深入地了解他人，同时也能分享自己的世界。如果你决定参加聚会，你可以尝试设定一个目标，比如与一两个人交谈，或者早点到、晚点离开，以减少压力。记住，没有人能决定你"合不合群"——只有你能定义自己的社交方式。你可以选择的方式有很多，而且你的舒适区域内也有很大的成长空间。

　　总之，你的内向性格是一份礼物，它让你能够以独特的方式体验世界，并且以你自己的节奏建立人际关系。你完全有理由为此感到自豪并享受这一过程。每个人都有自己的长处和短处，关键是认识到自己的力量，并用它们来塑造充实且有意义的生活。最后的最后，如果你发现社交焦虑严重影响了你的日常生活，我鼓励你寻求专业的心理咨询帮助。专业的心理咨询师可以帮助你学习应对策略，让你更加自信地面对社交场合。所以，拥抱你的内向特质，享受它带来的一切美好！

李博
2024 年 3 月 22 日

5 社会实践与习惯养成

行胜于言,持之以恒

犹豫了一下错过班委选举,现在又心生羡慕怎么办?

来 信

老师:

您好!有个问题想问您。刚开学的时候班里选班委,我犹豫之后没有去参选。现在看到班里的班委虽然有的时候有些忙碌,但确实能为同学们做一些很有意义的事情,同时锻炼自己,又觉得有些羡慕。老师您有什么建议吗?先谢谢老师,谢谢您的这个平台。

回 信

亲爱的同学:

你好,欢迎来信。感谢你对班级工作的热心,你能把"为他人做有意义的事情"作为判定工作是否有价值的标准,让我觉得非常欣慰和感佩。

首先,我的感觉是你的犹豫是很正常的。每个人都会在某个时刻面临类似的选择,犹豫是因为你在乎,你在思考,这都是好事。担任班委确实有机会为同学们做一些有意义的事情,并锻炼自己的组织和领导能力,但同时也需要花费不少时间和精力。你的羡慕也很自然,因为看到别人在做有意义的事情时,我们很容易产生共鸣。

人生有时候就像一盒巧克力,你永远不知道下一颗是什么味道。你没有成为班委,但校园里还有无数的方式可以实现你的"做有意义的事情"和"锻炼自己"的愿望。虽然目前各班的班委都已经确定下来,但众人拾柴火焰高,班级里面需要大家一起出力一起服务的事情还是非常多的。譬如班级活动的组织、各类主题教育的开展、日常学业上的互助等。如果你看到班级或同学有需要帮助的地方，可以主动提出帮助。比如帮助某位同学学习、为班级活动购买一些必要的物品、协助班委完成某些任务等，这不仅可以帮助别人，也可以提高自己的能力和信心。除了班级活动，你还可以寻找其他机会来锻炼自己的领导能力和组织能力，如参加学校的社团、志愿者组织等。这些组织通常会有更多的机会让你发挥自己的潜力，同时也可以为你未来的发展提供很好的经验和机会。

还有，你可以跟班里的心理委员联系，我们新生院同舟学堂每个班都有一个专门的"关爱工作小组"（由班里的心理委员担任组长），班里有同学被猫抓、被狗咬或者生病住院等，我们的"关爱工作小组"都会去探望、关心。特别欢迎你加入这个小组，成为一个经常关心他人的人。或许你会因此成为班级中的"暖心关爱大使"，哪怕是心情低落时一句暖心的问候，一次生病时的探望，都可以成为他人生活中美好的注解。

当然，我们学堂办公室也有许多日常事务，如果你有兴趣的话可以加入进来，协助老师开展一些工作。相信也能得到很大的锻炼！并能从一个新的角度了解学校、了解学堂。另外，待到大一结束你们进入新的班级，会有新的班委选举。鼓励你到那时候站出来竞选班委。勇敢一点！

李博

2023 年 9 月 16 日

大学生寒假还要带"劳动作业"回家，是形式主义吗？

来　信

老师：

　　您好！我是一名大一的学生，现在已经开始了令人兴奋的寒假生活。前一段时间通过高中同学的微信朋友圈看到了您的猫头鹰信箱，想跟您探讨一个问题。今年我们学校在寒假开始前，还给大一的学生布置了寒假"劳动教育"的作业，而且劳动教育据说以后还算学分。老师说可以去社区服务，各种场馆的志愿者也可以，实在找不到的可以给家里做饭啥的，还需要拍照留记录，写小结等。都大学生了，还要带着劳动作业回家。您觉得这种是形式主义吗？

回　信

亲爱的同学：

　　你好！非常欢迎你的来信。非常高兴你在寒假这样宝贵的时间里，还想到与我探讨劳动教育的话题，这本身就反映了你对生活和学习持有认真和负责的态度。你的来信犹如今天早晨一股清新的风，吹散了桌上文件堆积带来的枯燥，让我不由自主地想要拿起羽毛笔（好吧，实际上是键盘……），与你探讨那个"自古以来"就让无数学子又爱又恨的话题——劳动教育。

　　首先还是要祝贺你来到寒假！在这个期待已久的大学第一个

寒假里，你被赋予了一项特殊的任务——完成劳动教育作业。我想，这可能比《权力的游戏》里面的剧情还要让人意外，毕竟谁能想到，在我们这个智能机器人和虚拟现实"横行"的时代，劳动竟然还能成为学分的一部分呢？然而，劳动教育的重要性是不言而喻的。这不仅仅是因为它能让我们的手感受那土壤的温度，让我们的脊背记住那扫帚的重量，更重要的是，它让我们的心灵感受到了那份"劳动最光荣"的满足与自豪。试想，当你在社区老人的脸上看到那因为你的志愿服务而绽放的笑容，或是在家人的眼中看到那因为你的一顿饭菜而流露出的温馨，这些是不是比单纯的学术成就更加温暖人心？

　　我个人认为，对于大学生的劳动教育，确实应该"因材施教"。毕竟，每个学生都是独一无二的，我们不能期望一个物理系的学霸在种菜上有着天赋异禀的才能，也不能假设一个文学系的诗人在修理水管时能有着顺水推舟的灵感。针对大学生的劳动教育，应该更加注重发掘和适应每个人的专长和兴趣。我记得有些学校在报道大学生开展劳动教育的新闻，动辄就是打扫卫生、捡烟头等。打扫卫生、捡烟头固然重要，但我们可以做得更有创意——比如组织一场校园内的环保运动，或者发起一次公益性的技术创新竞赛，这些都是能够让大学生在劳动中得到深度锻炼的好方法。

　　来信中你提到，学校对劳动教育的安排其实是给予了一定的自由度的。我觉得"自由度"是非常可贵的，它给了你一个探索自我潜力的机会。我建议你抓住这个机会，找到一个既能让你感到成就感，又能促进个人成长的劳动岗位。无论是社区服务还是专业实践，只要它能带给你新的认识和成长，那么它就是有意义的，就不是形式主义。

至于你提到的拍照和写小结的环节，这些看似繁琐的步骤，实际上是管理的需要，也是对你们劳动成果的一种记录和肯定。通过这样的方式，学校能够了解到每位学生的劳动参与情况，也能促使学生们更加认真地对待这一环节。同时，总结也是一种反思的过程，可以帮助你总结经验，思考劳动的意义，这对个人成长是有益的。拍照并不是为了让你成为下一个"自拍达人"，而是作为你劳动成果的见证。写小结则是复盘的过程，它不是让你成为"小作文达人"，而是让你有机会回顾自己的劳动历程，从中汲取经验，让劳动的意义深植于心。

最后，我想说的是，不管你最终选择了哪一种形式的劳动教育，都请记得，这不仅仅是一次单纯的学分获取过程，更是一段自我发现和自我提升的旅程。希望你能在这个寒假中，通过每一次劳动的汗水，洗涤心灵，丰富经验。

保持好奇，享受劳动，珍惜这段特别的时光。祝你在这个寒假，不仅能够享受到劳动的乐趣，更能在"劳动"和"教育"之间找到一个完美的平衡点。期待你带着满满的收获和故事，回到校园，与我们一同分享。

李博
2024 年 1 月 24 日

理科生应如何提升人文素养？

来　信

李老师：

　　您好！作为一名理科学生，希望向您请教人文素养方面的问题。进入大学以后，我终于有时间选取自己所喜好的书目来阅读了，但随着时间推移，不免觉得自己所涉猎的范围太过狭隘。高中时，语文、英语科目的试题上有很多优秀多元的文本来拓宽眼界，大学里有没有类似的可以信任的平台呢？

回　信

亲爱的同学：

　　你好。很高兴收到你的来信，你对人文素养和拓宽阅读视野的关注非常值得赞扬。信的末尾你也提出了一个特别好的问题，我本来觉得这个问题应该请一位文科的教授来回答比较好，但暂时未找到合适的答题嘉宾。好在我跟你有相似经历（我本科阶段读的是工科，硕士博士期间读的是文科），就鼓起勇气先回复你一下。后续如有更合适的专家回复，再补充给你。

　　"目标明确，犹如北斗指引航行"。要提升人文素养，就要了解提升的目标是什么、人文素养是什么。我个人认为人文素养至少要包含以下几个方面：

　　向上向善，心有大爱。"人文素养"的第一个字就是"人"，不管是什么样的人文素养，都不能缺失了对人本身的关心关爱、对人全面发展的深切关怀;"人文"必定要强调人的价值、尊严和自由,倡导人类之间的相互理解、包容和合作。说到这里我想起"管家用银盘子端来了写着Wi-Fi密码的小纸片"的故事,这种矫揉造作绝对不是人文素养,人文素养是应该思考:如何努力才能让从事乏味工作的人得以解放。正如孔子说的"仁者爱人",孟子所讲的"老吾老以及人之老,幼吾幼以及人之幼"。这些人深处的善和大爱,是人心深处一直存在的力量。哲学家罗素也曾说过:"对爱情的渴望,对知识的追求,对人类苦难不可遏制的同情,这三种纯洁而无比强烈的感情支配着我的一生。"人心本身就有一个很强的向善的力量,平时这种力量可能被寡淡的生活遮蔽着,但在某个特殊时刻(比如大的灾难面前),它会被激发出来。譬如2008年汶川大地震后捐血捐钱的民众、重庆山火中的"摩托骑士",这些普通人心中藏着的大爱,就是社会进步的宝贵动力。

尊重文化,珍视文明。"人文素养"中的"文",我想应该包括人类文化、历史、哲学、艺术等多方面知识的积累。这些知识不仅能帮助我们更好地理解世界,还能让我们更好地欣赏生活,提升自我修养。具备人文素养的人,应该对人类遗留下来的各种精神文化成果、尤其是文化经典高度珍视。每一种文化都蕴含着独特的价值和智慧,值得我们去了解、欣赏和尊重。通过对不同文化的了解和认识,我们可以更好地理解人类文明的多样性,学会尊重和包容不同的文化和观点。珍视文明也意味着对于人类文化遗产、历史遗产和优秀传统的保护和传承,通过对人类文明的深入研究和学习，我们可以更好地了解人类历史和文化的发展过程，认识到这些文化对于人类社会的巨大贡献，然后去传承它。

独立思考，质疑批判。"人文素养"不是一味地"接受""敬畏"，它还意味着要有批判性思维和独立思考的能力。在阅读文化书籍的过程中，不仅要理解作者的观点，也要学会质疑和批判，形成自己的见解。同时不要局限于自己的专业领域，要学会从不同的角度看待问题。具备批判性思维的人，往往不满足于现状，而是努力超越现有的知识和观念，以寻找更好的解决方案；批判性思维也鼓励我们不断学习和成长，通过不断挑战自己和超越自己的知识边界，我们可以不断提高自己的认知水平，并更好地理解和掌握新知识。通过这种方式，我们可以努力寻求改变和改进，发现社会问题并推动社会的进步，最终创造一个更美好的社会。

以上是我对人文素养的浅薄理解，欢迎批评指正。接下来，关于你的问题：如何在大学里找到一个可以信任的平台来拓宽自己的视野。我很高兴地告诉你，大学里确实有很多这样的平台。

首先，就是你提到的图书馆的资源。阿根廷著名作家博尔赫斯说过一句话："如果世界上有天堂，那一定是图书馆的模样。"你可以利用学校的图书馆资源。大学的图书馆藏书丰富，种类繁多，从经典文学、历史文献到现代哲学、社会学等都有涵盖。你可以根据自己的兴趣和需要挑选合适的书籍进行阅读。而且，图书馆还提供各种数据库和在线资源，你可以通过这些渠道获取更多的学术资料和研究成果。

其次，可以参加一些人文类讲座和社团活动。学校（包括文科学院）会定期组织各类人文类的讲座、讲堂。你可以关注同济大学官网上的"校园公告"，也可以留意人文学院、政治与国际关系学院、马克思主义学院等文科学院的网站，看是否有对外开放的讲座信息。另外，大学里有很多社团也会组织各种活动来提升学生的人文素养，比如读书会、文化沙龙、讲座等。通过参加这些活动，你可以结识到不同专业背景的同学，与他们分享阅读心得和感悟，同时也能了解到更多的人文知识。

最后，利用网络课程资源拓宽视野。现在有很多在线平台提供免费或付费的电子书籍和课程资源。比如，慕课、各类云课堂等都提供了大量的人文课程和讲座视频。通过这些平台，你可以接触到更多不同领域的知识和观点，从而拓宽自己的视野。由于人文素养涵盖了多个领域的知识，因此你可以跨学科学习，选择不同领域的网络课程资源，如文学、历史、哲学、艺术等，以全面提升自己的人文素养。在学习的过程中，要注重深度学习和思考。不仅要掌握基本知识，还要深入探究问题，形成自己的见解和观点。你可以通过做笔记、写论文、参与讨论等方式进行深度学习和思考；另外可以加入学习社区，与其他学习者交流互动，分享学习心得和经验。这样可以拓宽视野，了解不同的观点和文化背景，同时也可以结交志同道合的朋友，共同进步。

对理工科学生来说，提升人文素质，可以促进个人成长、拓宽你的视野、拓展人际交往、增强社会责任；人文素养还可以让你的人生丰盈、沉淀。当然，人文素养的提升不是一朝一夕的，但精进不懈，必有所成。希望我的回复能够对你有所帮助。欢迎继续来信！

李博

2023年11月22日

追剧导致做其他事"魂不守舍"怎么办?

来　信

老师:

您好,我最近在追剧,虽然努力控制每天追剧的时间,但是看完剧准备做其他事情的时候会有一段时间有点"魂不守舍",脑子里面会一直回想刚才看的剧情。请问老师能给些怎么快速恢复状态的建议吗?

回　信

亲爱的小剧迷:

你好!这个问题我很理解,因为我曾经也是一个"剧烈"的追剧者。而且我追的剧有一部分还不是什么品味太高的片子,以前曾经为了追"抗日神剧"半夜不睡觉,就是为了在工作紧张之余体会那种"爽"感。"抗日神剧"在中国有市场,可能就是有我这样的观众。"看剧"这件事,就像你身在剧集的磁场中,一不小心就会被吸引,然后有一段时间很难抽身。

2023年初,在《狂飙》比较火的时候,有一天晚上我连着看了几集这部剧。当时我觉得自己可能要被这部剧"控制"了,于是采取了有点"极端"的方式:从网上找到了《狂飙》所有的剧情简介,然后从头看到尾。看完所有的剧透后,再看剧就索然无味了,于是就不看剧了。这个过程虽有轻微的失落,但又有一种"被解放"的轻松感。于是我不再享受"追剧"的"快乐",而是享受"断舍离"和"被解放"的快乐。

由于我的这种方法不一定适合所有人，于是就请教了咱们学校一位专业的心理咨询师，殷芳老师。殷老师给你的建议是这样的：你一边想着剧情一边开始做你要做的事情就OK了。要接受这种两件事情转换当中出现的"魂不守舍"的感觉，不要过于刻意地去对抗。后面等你要做的事情开始了，剧情在脑子里就慢慢消解了。

其实殷老师的回复有点出乎我的意料，不过想想也在情理之中。我不是学习心理学的，但是也知道人不是机器，人的情感和思想不能立马从一种状态切换到另外一种状态。当我们试图切换到其他任务时，大脑需要一些时间来适应。这就像是一辆开得飞快的汽车突然要刹车，总需要一段距离才能完全停下来，对吧？

对于你的问题，我有几个小建议。首先，你可以在看完剧后，做一些简单的放松活动，比如散步、慢跑、喝杯茶，或者做一些深呼吸。这有助于你的大脑从剧集的世界中慢慢退出来，回归到现实。其次，如果你发现自己还是无法从剧集的世界中抽身，那么可能你需要考虑改变观剧时间。比如，你可以选择在一天的工作或学习结束后，不需要再切换到其他任务时再看剧。

"追剧"也是一种丰富精神生活、松弛身心的方式，也不必要看完剧之后如此"紧绷"地去要求自己马上百分百进入下一个状态。看剧就像是在阅读一本书，你会被剧情所吸引，但最终，你还是需要回到现实中，继续你的旅程。所以，我们的小剧迷，不要担心，慢慢来，你会找到适合自己的平衡。

李博
2023 年 10 月 3 日

本科期间有什么在课外提升自我的事情吗?

来　信

老师:

　　下午好呀!我想请问一下本科期间有什么在课外能够提升自我的事情吗?许多信息渠道自己根本不知道,想做一些事情去提升自我(就比如当志愿者、做主持人、参加演讲、各类比赛,什么样的书籍或者课程或者节目有助于自己)。我想去多多建立和这个世界的联系,努力做一个像老师一样优秀的人~(另外想说:真的太喜欢老师的提问箱啦!老师真的是一位超级耐心温柔的人诶!)

回　信

亲爱的同学:

　　你好。感谢来信,哈哈哈。收到你的来信和鼓励,我不禁感到开心和振奋。看到你如此积极向上的追求,就像阳光透过窗户洒在书桌上,给整个房间注入了温暖和光明。

　　在大学期间,丰富的课外经历和活动能够让你的人生更加丰富多彩。你提到的志愿者、主持人、演讲、比赛等都是非常有意义的尝试。这些经历可以帮助你锻炼表达能力和领导力,提升自信,同时也能丰富你的人际关系和社会经验。

　　其实我有点不太会回答这个问题,因为不知道你的特点、特长、未来的规划等。不过我有一点粗浅的认识,就是:不论是读书、参加活动或比赛，既要有几分"功利心"，又要留三分"非功利心"。

所谓的"功利心"，就是你的读书或者参加的活动，要服务于你的职业生涯规划。譬如你将来要成为一名工程师，并想通过工程师走上管理岗位（项目经理、设计院院长），就要考虑其要求的专业知识、管理能力、语言表达能力等。而"非功利心"，就是怀着对世界的好奇和对美好事物的欣赏来读书、参加活动。譬如听听音乐会、读一下《红楼梦》这样的闲书、参加某个运动社团等。这些事情可能不会直接服务于你的生涯规划，但会沉淀在你的心里变成你的一部分。在你人生的某个时刻，也许会支撑你走向更美好的生活。

关于信息渠道，确实有很多地方可以获取有用的信息。你可以关注学校的社交媒体、校内活动公告，以及各个社团和组织的活动安排。此外，图书馆、学术讲座、校园广播等也是获取信息的好途径。当然，别忘了和老师、同学交流，他们的经验和建议也会对你有所启发。

至于提升自己的途径，我想分享几个想法。首先，阅读是一种非常好的提升方式。不论是文学经典、学术著作还是心灵成长书籍，都能够开阔你的视野，激发你的思考。另外，可以参加一些与你兴趣相关的课程，无论是线上还是线下，都能让你不断学习和进步。

最后，我要诚挚地感谢你对提问箱的喜爱。你的肯定和支持是我最大的动力，也让我觉得我正在做一件有意义的事情。如果你有任何问题，无论是关于学业还是生活，都欢迎随时向我提问。

愿你在大学的岁月里，像勇敢的航海者一样探索未知的海洋，成为一个优秀、温暖和有影响力的人。我先简单说这么多吧，欢迎来办公室我们面谈！

李博
2023 年 11 月 4 日

月华樱梦,别忘记拥抱我们的诗意时光

来　信

老师:

　　您好,我是一名普通的工科同学,很开心每次向您写信,您都会给予非常实用的回答。但这次来信不同于之前的求助或咨询,我更想向您探讨"刘文典月下讲《月赋》"式的课程在这个时代的必要性。历史上的西南联大曾发生过许多脍炙人口的故事,其中我感触最深的就是"刘文典月下讲《月赋》":"他要在月光下讲《月赋》。届时,校园里摆下一圈座位,刘文典坐在中间,当着一轮皓月大讲其《月赋》,生动形象,见解精辟,让听者沉醉其中,不知往返"。在我看来,这不仅是一堂文学课,更是一场美学课,私认为,这也是西南联大为什么能出这么多在文学造诣或是科学研究领域的大师的原因,老师您觉得这个时代这样的课程还有它存在的意义吗?

回　信

亲爱的同学:

　　你好! 非常欢迎你的来信。在同济大学樱花即将盛开的初春,收到你关于《月赋》探讨的文字,相信在很久以后这都会是我职业生涯中的美好记忆。你提及的"刘文典月下讲《月赋》"的课程,不仅让我想起了那个时代的学术氛围,同时也让我想起两千多年前的《论语》里有一段关于踏青的描写:"莫春者,春服既成，冠者五六人，童子六七人，浴乎沂，风乎舞雩，咏而归。"这美好的画面其实是孔子问他的学生们的志向和愿望时，学生曾点的回答。

刘文典"月光下的教室"也触动了我对当前教育实践的反思，在这个信息爆炸、技术迅速发展的时代，你所提出的问题——古老的教学模式是否依旧适用，对我而言，是一个极具挑战性和启发性的议题。虽然我本科学的也是工科，文科知识储备不足，但我还是想凭着自己的微不足道的知识，探讨一下教育学的几个原理及其与我们讨论的主题之间的关联。

教育的目的之一是促进学生的全面发展，这不仅包括知识的传授，更重要的是能力的培养和价值观的塑造。刘文典教授当年在月光下讲述《月赋》，这样的场景和方式，不仅传递了知识，更是一次感性认知与审美能力的培养。这种将教学内容与自然景观巧妙结合的方法，恰恰体现了约翰·杜威的"经验教育"理念，即教育应当基于学生的实际经验，并与生活紧密相连。其次，布鲁纳的"发现学习"理论强调学生通过探索和发现来获得知识，而非被动接受。刘文典教授的月下讲学无疑给学生提供了一种"发现"的体验，让学生在一个充满诗意的环境中，探索文学的深层意义，这种情境学习无疑能够激发学生的内在兴趣和学习动机。再者，维果茨基的社会文化理论强调社会互动对认知发展的重要性。刘文典所创设的教学情境，允许学生在社会互动中学习，通过对话、讨论与合作，共同构建知识，这一点在当代教育中依旧有其普遍的适用性。

当前，我们正处在一个以科技和信息为主导的社会，虽然与当年的学术研究大背景大相径庭，但人类对美的追求、对知识的渴望以及对深刻思考的需求是不变的。因此，我坚信"刘文典月下讲《月赋》"式的课程仍然具有重要的现实意义。在这个时代，我们需要的不仅是快速、高效的信息获取，更需要的是深度思考和审美的培养。经济的发展、教学条件的进步，让我们可以创造更多类似于"月下讲学"的情境，让学生在体验中学习，让知识的传授变得更加生动和深刻。譬如我们同济大学的老师，带着学生到杨浦滨江讲授"人民城市"，到浙江省台州市黄岩区讲授"乡村振兴"，到南浦大桥上讲"桥梁设计"。我们也许还可以借助现代技术手段，诸如虚拟现实（VR）、增强现实（AR）等技术，为学生提供类似的沉浸式学习体验。

此外，这种联接文学与自然、情感与智慧的课程设计，实际上是对学生进行人文教育的一种方式。正如诗人所说："我相信一个叶子就是一部教科书。"我们需要在科技发达的今天，更加注重人文精神的培养，这对于培养具有创新能力和批判性思维的未来公民至关重要。人文教育和审美教育，有时候可能会以一种"毫无理由"的方式，正向作用于我们的内心世界和人生。就像我总是莫名觉得：春天里学生多去赏赏樱花，在樱花树下撒个欢，也许就可以少去几次心理咨询。

最后，我想说的是，教育是一场旅行，而非单纯的知识传递。它是发现自我、连接世界、理解生活的过程。正如你所体会的，"刘文典月下讲《月赋》"不仅是一堂课，它是一次心灵的触动，一次智慧的激荡。这样的课程，无论在哪个时代，都是必要的，因为它们能激发我们的想象力，提醒我们，学习与生活不是割裂的，而是息息相关的。即使在今天，我们也需要那些能够触及心灵深处、激励我们思考与创造的教育时刻。

  祝学业进步，心怀诗意！探讨了刘文典"月光下的教室"，也期待和你相逢于"樱花下的教室"。

李博
2024 年 3 月 24 日

大学生提前放假回家,寒假能做点什么?

来　信

猫头鹰老师:

您好!我是一名大二的文科学生,目前在北京一所高校就读。2022年报考高考志愿的时候咨询过您几个问题(学长把您的微信推给我的)。虽然后面没有报考同济大学,但由于加过您的微信,一直关注您的猫头鹰信箱。这学期我考试比较少,目前已经回到老家开始了寒假生活。记得去年的时候,我也把寒假计划安排得满满的,但到了开学是一个也没实现。现在想问问您的建议,假期里应该做点什么?谢谢您!祝您新年快乐!

回　信

亲爱的同学:

你好!首先让我向你献上最温馨的问候,并感谢你一直以来对我的支持和关注。我还记得去年你的那些问题,虽然你没有选择同济大学,但我坚信你已为自己找到了最适合的道路。

就让我叫你"亲爱的寒假领航员"吧!我觉得这个昵称非常符合你,因为你率先进入假期模式,领先于大家开始你的寒假生活。我希望你能像一名出色的领航员一样,利用这个假期,探索未知,发现新知,引领自己的生活航向。

关于你提出的问题,我首先想说的是,假期里你应该做的事情,其实答案已经在你的问题里了。你说你去年寒假的计划满满当当但一个也没实现,这种情况的发生通常有以下几个原因:可能是计划过于宏大或过于繁杂,超出了自身的能力或时间限制;或者是缺乏时间管理,没有有效地分配和使用时间,导致计划执行不力,缺乏持续性动力。因此,合理设定目标,良好的时间管理,持续的动力激发,及时的自我监督和正确处理过程和结果的关系,都是实现寒假计划的关键因素。

首先建议你在这个寒假,试着做一些长期且正确的事情。这并不意味着你需要把所有时间都堆砌在学习上,反而是要学会去平衡。比如,你可以选择阅读一些长篇小说,或者开始学习一门新的语言或技能。你可以在每天固定的时间段内专注于这些事情,这既能保证你有足够的时间去深入学习,又不会让你感到压力过大。

同时,我还想鼓励你在假期里,花一些时间与家人相处。家人是我们生活中最重要的人。与他们共度的时光,无论是一起做饭、看电影,还是仅仅是坐在一起聊天,都能带给我们无尽的快乐和满足。你会发现,这样的时间不仅能让你感到轻松愉快,也有助于你在忙碌的学习生活中找到平衡。希望你能在寒假里找到平衡,既有长期、有深度的学习,也有轻松愉快的家庭时光。

寒假是一个绝佳的机会,让你更深入地了解我们的国家和社会。生活不在于找寻自己,而在于创造自己。寒假期间,你可以通过考察我们的国情,以实践的方式去创造并发现你的自我。在这个过程中,你也许会发现,社会并不是你想象的那样,它既有美好,也有不完美,既有希望,也有挑战。你可能会看到我们国家的伟大，也可能会看到我们仍然需要改进的地方。无论你看到什么，都要记住，你是我们国家未来的希望，你在学习中获得的知识和技能，将会成为我们国家的宝贵财富。你可以尝试访问一些社区，了解居民的生活和挑战；你可以参观一些历史遗迹，了解我们的过去，思考我们的未来；你还可以参与一些志愿者活动，贡献你的力量，同时也感受到帮助他人的快乐。在这个旅程中，你将会有所收获，你将会看到一个真实的社会，一个你从未在书本或者课堂上见过的社会。这个经历，将会使你更加深刻地理解我们的国家，更加了解你自己，更加明确你的人生目标。希望你在寒假的国情考察中，能够发现更多的自我，创造更好的自我。

最后，我想再次感谢你的来信，并祝你在新的一年里，能够实现自己的梦想，找到真正的快乐。也祝你2024新年快乐！欢迎你读研、读博的时候选择同济，猫头鹰老师在这里为你加油！

你的猫头鹰伙伴

2024年1月4日

寝室周末上午11点不开灯，起床也不知该干什么

来　信

老师：

你好。开学两个多月了，我真的又无聊，又空虚，又迷茫。首先我真的不知道该怎么学习，数学很难但是知道老师讲了什么，化学考试太水了课上都没几个人听，马上要期中考试了可是都不知道要考什么，物理也是的，上课听不懂，大学真的全靠自己自学吗？可是自己找不到重点，不知道自学什么。周末我们寝室早上11点了也不开灯，自己起来了也不知道干什么，去图书馆的频率也很少，要怎么安排自己的学习。还有就是感觉自己玩也没玩好，没交到什么朋友，来到大学都感觉找不到人玩。好想去打羽毛球但也约不到人，加上我们学校的场馆也难预约到，出去转转也找不到人玩，一到星期天就感觉无聊空虚。

回　信

亲爱的同学：

你好。来信已经收悉。读罢来信感觉你的文字功底特别好，无意中用了不少的排比句，把目前有点迷茫、空虚生活形容得栩栩如生。"空虚""迷茫"的背后，可能有两个层次的问题：一个是战略层次的迷茫，一个是战术层次的迷茫。你可能首先要先反思一下，自己读大学的初心和动机是什么？将来的发展目标是什么？为了实现将来的目标我现在需要做什么？等这些大的问题思

考清楚了，再慢慢解决"物理听不懂""化学怎么学""周末时间怎么安排""怎么安排锻炼的时间"这样的"小迷茫"。关于来信，我先简单谈一点感受：

首先，能正常、规律地学习，就已经取得了大学生活的初步胜利。看到你的困惑和迷茫，我想说：这很正常，大部分人都会有这样的时期。大学生活是一个全新的阶段，适应这个阶段需要一些时间和耐心。在大学的第一学期，能够保持一颗上进心，能正常、规律地学习生活，能够完成作业、培养良好的习惯，就已经取得了大学生活的初步胜利。你的困惑和迷茫，也是你在成长过程中的必经阶段。这就像是你正在煮一锅"大学经历"的汤，现在你正在寻找调料，慢慢地，你会找到属于自己的味道。

其次，大学生活的"微更新"，就从周六早晨走出宿舍开始。前一段时间我在小区里看到一群小朋友在居委会的带领下，在社区小花园里种花。后来一问，原来他们在做"社区微更新"。我觉得这个概念挺好的，小小的"社区更新"通过不断积累，今天建个花园、明天修修路面、后天改造上下水，都会让生活环境越来越好。在改变自己的习惯方面，我建议你可以从点滴做起。比如说，你可以试着提前十分钟起床，或者每天读一篇英文文章。这些看似微不足道的改变，实际上可以带来巨大的影响。想像一下，如果你每天读一篇英文文章，一年下来你就读了365篇。这将对你的英语能力产生深远影响。至于周末的时间，你可以尝试制订一些计划，比如去图书馆看书，去健身房锻炼，或者去公园散步。这些活动不仅能充实你的时间，也能帮助你放松心情，提高效率。

再次，你要勇敢去做平静的湖面上第一颗激起涟漪的"石子"。从你的描述上来看，"周末我们寝室早上11点了也不开灯"，看来你们宿舍的同学到了周末还是挺放松的。生活有张有弛很有必要，但是11点还不起床确实有点懒散了。有人说"宿舍是时间的黑洞，意志力的坟墓"。在这样的宿舍里，你要勇敢做一颗打破平静的"小石子"，周末睡到8点左右肯定就补足了觉了对吧？那就起来读书锻炼吧！到第二天再叫上一个室友早点出门。再过上一两周，可能剩下的室友也睡不安稳了、坐不住了。最近经常报道优秀学生组团出现的新闻，如"同济一本科宿舍四人全部直博""中南财经政法大学416寝室4名女生全员保研"。说不定在你的带动下，几年后你的宿舍也"英雄辈出"！

另外，关于你的社交问题，我也鼓励你主动出击，把自己变成人际关系中的"小马达"。你可以从参与一些社团活动或者班级活动开始，和同学们一起做一些有趣的事情。比如说，你可以组织羽毛球活动，邀请同学们一起参加。你也可以尝试加入一些社团，这不仅能让你结识更多的朋友，也能丰富你的大学生活。当然，友情、社交不是一朝一夕就能建立的，它需要时间和耐心。

最后就是不断尝试探索，学会如何学习。对于学习的困惑，我想说的是，学习是一种技能，这种技能本身也需要学习。大学不仅仅是教你知识，更重要的是教你如何学习。初步建议，你可以从课本和课后题开始，找出你不理解的地方，再去查阅资料，或者向老师和同学请教。找到自己的学习方法和节奏，就像是在寻宝，你需要不断尝试和磨炼，才能找到属于你的"宝藏"。

　　大学是一个通向成熟和自我认知的重要阶段。你需要时间去适应、去摸索、去发现。希望你能在这个阶段中，找到你的兴趣、找到你的目标、找到你的方向。希望你能在这个阶段中，学会独立、学会承担、学会成长。更希望你能在这个阶段中，遇见更好的自己。希望从你写这封信开始，"命运的齿轮开始转动"。期待你的好消息！欢迎继续来信交流。

李博

2023 年 11 月 21 日

家境富裕轻度躺平,如何让大学时光更有意义?

来　信

老师:

您好!我是一名大二的学生,上了大学之后也一直比较努力,进了比较喜欢的专业。上了大学后觉得身边的氛围很卷,之前为了选专业,卷一点我还能理解。但是进了专业学院还是觉得身边的氛围很卷。我现在有点卷不动,想着稍微躺平一下好了。家在浙江,家庭条件还可以,本科毕业后如果能申请国外的学校,就申请国外的学校;申请不到的话,可能就去家里的企业去干。我也不想在大学里急着学什么企业管理之类的内容,但是也想着在轻度躺平的情况下,让大学过得有一些意义。您有什么建议可以给到我吗?

回　信

亲爱的同学:

你好!非常欢迎你的来信,也感谢你的信任。看到信之后感觉心情非常轻松,但又感觉回信有点压力。心情轻松是因为你并没有遇到明显的学习、生活或者心理困惑;回信有点压力是因为我自己没有在读书期间经济非常富裕,哈哈,可能难以站在你的角度去思考、去建议。由于一时也没有想到合适的回信嘉宾,我还是先尝试从我的角度回答一下你的问题:

首先,我真心为你能进入自己喜欢的专业而感到开心,这本身就是一件值得羡慕的事情。很多人花费了大量的时间去寻找自己的兴趣和热情，而你已经迈出了这一重要的步伐。这是一个非常好的开始。我理解你对于当前学习环境"卷"的感受，这种竞争氛围确实可能让人感觉压力山大。但是请记住，专注于自己的兴趣和热情通常是获得长远成功的关键。当你对某件事情充满热情时，不仅能够带来更多的满足感，而且往往能在不经意间取得意想不到的成绩。因此，我建议你继续深入探索自己的专业，寻找本专业中那些能够让你兴奋和投入的事物。

在你的来信中，你提到了家庭经济条件良好，这实际上为你的学术旅程提供了坚实的后盾。历史上不乏家庭经济条件优越的学者，他们得益于这样的优势，能够更为自由地追求自己的学术兴趣，而无需为经济压力所困扰。比如达尔文出身于一个富裕的家庭，他的祖父、父亲都是有名的医生，这使得他能够在没有经济压力的情况下进行长达五年的贝格尔号航海旅行，并最终发表《物种起源》这样具有划时代意义的作品。我们的革命导师卡尔·马克思，青少年时期也是家境很好，他出生于德国特里尔城一个富裕的资产阶级家庭。家庭经济条件的确可以为学者提供更多选择和机会，尤其是在科研初期，经济的自由度往往与研究的深度和广度正相关。你可以利用自己家庭的优势，为自己的学术探索和个人发展设定更高的目标。如参与更多的海外学术交流，借助家庭的经济支持参与国际会议和研讨会，与世界级的学者进行交流，拓展自己的学术视野。如果你对某个领域有浓厚的兴趣，可以考虑自行投入资金，进行更自由的探索，而不必担心项目资金。

在探索专业学习的同时，你还可以考虑如何将自己的优势和资源用于更广阔的视野上，例如着眼于人类的未来和全球性的议题。当今世界处于"百年未有之大变局"，你有机会做一些对社会有深远意义的事情，不仅仅局限于个人的成功。就你目前的情况而言，你完全可以在不过度强调竞争的同时，过一个有意义的大学生活。在轻度"躺平"的同时，你可以尝试参与一些志愿者工作、社会实践活动，或者加入一些学术社团和兴趣小组，这些都是极好的学习和自我提升的机会。对了，非常欢迎你来"猫头鹰工作室"担任志愿者，投入关心青年成长的工作中！我会给你颁发我个人签字的"工作履历证明"，哈哈哈。

去探寻生活的意义是一项深刻而又宝贵的旅程，无论你的未来方向如何，我相信你都能够找到一个既能让自己满意又对社会有贡献的道路。保持开放的心态，珍惜每一次学习和成长的机会。我期待看到你利用大学这段宝贵的时间茁壮成长，并且相信你能够为自己的人生画出一片灿烂的天空。祝你生活幸福，未来光明！

李博
2024 年 3 月 26 日

最近一直打游戏，根本控制不住自己

来　信

老师：

最近一直打游戏，根本控制不住自己……

回　信

同学：

你好。欢迎来信！在日常面对学生的教育、管理、服务工作中，我们确实也发现一些同学喜欢"玩游戏""刷小视频"等。视频平台和游戏的开发者们利用人性的弱点，设计出一系列的奖励机制让人停不下来。所以其实"玩游戏""刷小视频"这些习惯有其生理基础，我们克服起来有一定的困难。

正如生活中的任何事物一样，适度是关键。时间是宝贵的资源，我们需要学会在各种活动的时间投入中取得平衡。游戏当然可以带来乐趣，但如果过度投入，可能会影响到学业、人际关系等重要方面。

今天你肯跟老师发这样一句话（虽然只有15个字），我觉得问题的解决已经迈出了重要的第一步。这句话就是一颗种子，是一颗"自律、向上、努力"的种子。这颗种子如果能适当的培育，就能长成大树，把原本的"打游戏"遮蔽成一棵小草。

我有几个具体的建议供你参考：

第一，给自己制订时间管理的"微目标"。譬如运动锻炼不要制订"我每天要做100个俯卧撑"的目标，而是制订"每天完成1个俯卧撑"的目标，等做完之后有了成就感，说不定会做第二个、第三个。对你而言，时间管理方面可以制订"学习20分钟后，就可以在笔记本上给自己记一笔成就"的小目标。今天你先完成第一个小目标。你以后可以每天在这个问题下面报告自己"20分钟学习颗粒"的完成情况以及其他情况。

第二，诚心诚意要求身边的同学监督自己。"厚着脸皮"让同学管自己，"厚着脸皮"让身边的同学给自己讲题。他们在讲题之外，可能会提供一些有益的建议，或者陪你一同度过更有意义的时光。另外，学校有一些"在线自习室"的活动，欢迎你一起参与进来，加入"在线自习室"也是一种监督自己的方式。

第三，你可以考虑寻找其他有趣的爱好，比如阅读、锻炼、绘画等，来充实你的生活。大学生活是丰富多彩的，生活也是一场多层次的"游戏"，需要我们不断地调整、成长和前进。相信你一定能够找到掌控游戏与现实的平衡点，成为一个"游戏"中的高手，成为生活的赢家！

勤学如春起之苗；你也如春起之苗。祝不断进步！

李博
2023年9月22日

推优失败了,你仍是自省、有志、不甘平庸的大好青年!

来　信

老师:

您好!在我的中学学习生涯中,由于我学习还算刻苦努力,所以成绩年年都在稳步上升,最终高考也是取得了比较好的成绩,考到了同济大学。

虽然考到了同济大学,但我心底里的自卑还是挥之不去。由于中学成绩上升比较快,我觉得自己底子不扎实,都是虚的,总觉得自己不如别人。

来到大学后,这种感觉在现实面前变得愈发强烈了,从去年暑假的国豪班二次选拔,到开学后的班委竞选、协会面试,再到现在的团员推优……我的每一次争取最终都以失败告终,可以说大学的我几乎一事无成,这让我的自卑感越来越强,我想过逃避,甚至想过摆烂,但心底又咽不下这口气,可现实的结局却又每次都让我跌落谷底……

回　信

亲爱的同学:

你好!非常欢迎你的来信,我也非常荣幸能够成为你倾诉迷茫与困惑的对象。在你的文字中,我看到了一位自省、有志向且不甘平庸的青年。同时,我也感受到了你背负的压力和那份难以言说的自卑。谢谢你的信任,我将尽我所能给你以回应。

进入同济大学,本身就是一种对你努力的肯定。请你先为自己的成就鼓掌,因为这份成绩,是你付出汗水和泪水换来的。然而,我也理解,高考的成功并不能化解你心中的自卑感。这种感觉,很多时候来源于我们对自己的严苛要求和对周围环境的敏感。在大学这个小社会中,竞争和挑战无处不在。你在某些选拔和竞选中的失利,并不代表你一事无成,也不代表你的未来不会有辉煌的成就。这些经历,正是你成长的垫脚石,是你人生宝贵的财富。

"频繁失败"可能是我们成长中的一个"必经阶段",但熬过这段时间,下一个阶段就是光明。只要自己不倒下,"日拱一卒"总有翻盘的机会。而且失败也是我们最好的老师,它教会我们坚韧,教会我们如何从挫折中站起来。在我有限的生活经历里,也经历过不少的失败。譬如:第一次高考失败,第一次考研失败,考公务员失败,等等。其实还有许许多多离奇的失败只适合当面跟你交流,实在不好意思写在这里。每一次的失败,都是我们获得成功的必经之路。你的自卑感源于对自己能力的怀疑,但请记住,自信是一种内在的力量,它不是与生俱来的,而是通过不断挑战自我,不断积累经验所构建的。

认识真实的自我,设定合适的目标。花时间去思考和了解自己,包括自己的优点和不足,自己的兴趣和不感兴趣的事情。通过自我认识,建立起对自己的了解和接纳,这是自信的基石。为自己设定一些可达到的短期目标,当你实现它们时,会获得成就感，从而增强自信。同时，也要有长远的规划，让自己有方向感。其实像"推优"这样的目标，完全可以放在更长远的规划里，研究生阶段推优、入党也不算晚呀。每个人的大学生活都是不同的，都有自己独特的色彩。请你相信，只要你愿意不断努力，不断尝试，你的大学生活一定可以变得精彩纷呈。

勇敢找到支持你的人。和家人、朋友或者老师交流你的想法和困惑，他们可以给你提供不同的视角，帮助你看到自己的价值和潜力。如果自卑感持续影响到你的日常生活，也可以考虑寻求专业心理咨询的帮助；也欢迎你到猫头鹰工作室线下聊天。我告诉你一个秘密：工作室上新了"猫头鹰主题"文创产品，免费送给写过信并来现场咨询的同学们。

每一滴汗水都不会白费，每一次尝试都值得鼓掌。你的努力，迟早会在未来的某一天开花结果。我期待听到更多你的故事，也期待见证你的成长和成功。无论何时，猫头鹰工作室都在这里支持你。

李博

2024年3月14日

已经大四了,却对自己的知识和技能没信心怎么办?

来 信

老师:

我是一名工科生,本科生活快要结束了,面对读研和工作越来越迷茫。我感觉始终还是把自己当成一名学生,能完成老师设计的题目,但对真正要自己做出些东西还是望而却步。好像从书本上学的知识、公式,以及做的实验可能都只是简化版,像纸上谈兵,不相信自己能真的做好一份工程,去研究出什么深入的靠谱的东西,总有"那些是专家通过更精密更高深的研究和计算做的,我学的只是些皮毛",以及"理论和实际是有差别的"的想法。这些想法有点使我对科研和工作产生恐惧,该怎么办呢?

回 信

亲爱的同学:

你好。欢迎你的来信。你提的这个问题很有深度,我看到信之后没有马上回答。个人的感觉是:你的感受并不代表你能力不足。对自己的专业技能不够自信,可能是许多人在生涯发展历程中都经历过的一种感受。

曾经在网上看到有学医的学生感慨:学医的你,敢让你的同学给你治病吗?他们好多都是快考试才看书,一考完就忘光,且有的还挂过科。但是下面的评论中有人说:到了医院里跟着临床经验丰富的医生学习,只要认真在实践中学习,一般的诊疗还是可以轻松应对的。

我本科阶段学的是工科，硕博阶段学的是文科。本科期间我读的专业名称叫"通信工程"，感觉学习的内容很宽泛，深度很一般（这可能跟本科阶段的培养定位有关系）。当时学的课程除了高等数学、大学物理、大学英语等公共课，还有电磁场与电磁波、模拟电路、数字电路、数字通信、卫星通信、操作系统原理、C语言、信号系统、人工智能、光纤通信等一系列课程。你说这些科目得涉及多少行业、多少职业……其实到最后工作的时候，只是从里面选了一点点内容，然后不断深挖而已。就像我的本科同学，有的在华为里面做仿真，有的在移动公司里面做运维，还有的留在同济建设校园网，工作的方向可谓大相径庭。十来年过去了，那些曾经在期末考试前疯狂熬夜、考试完忘光光的同学们，也都在自己的领域陆续取得不错的成绩。

当然对你的这个问题，还可以有一个简单的回答，那就是：去考研吧！读研究生可以提升你自身的专业能力、思维能力和学习能力，这种提升对于未来的工作和生活都是非常有帮助的。在就业市场中，研究生学历通常具有更高的竞争力，能够更好地满足用人单位的要求，也有更多的职业选择机会。同时，如果你对学术研究有浓厚的兴趣，读研的经历可以让你进一步深入学习和研究你感兴趣的领域，探索更深层次的知识和问题。所以这也是我的一个非常重要的、非常认真的建议。

有机会的话，你可以多跟行业内的老师多交流。你会发现，每个人的知识都是一步步积累的，没有人一开始就能掌握所有的知识和技能。重要的是要勇于尝试，不怕失败，持续学习和提升自己。希望你在接下来的学习中，能有更多接触实践的机会，相信你的信心能在一次次的实践中得以提升。

  我先回答到这里，欢迎你来我们办公室当面交流。学习和成长是一个人自己的责任，而这个过程也需要你自己的勇气和决心。无论你选择继续深造还是步入职场，我相信你都有足够的智慧和勇气去面对挑战，实现自己的梦想。

李博
2023 年 9 月 5 日

参与志愿服务带入个人利益诉求，是否与公益初心相违背？

来　信

李博老师：

您好，实在不好意思在南方小年这一天打扰您，因为放假之后和家里人深入交流，对于一些问题有了疑惑与思考，想和老师或者学长们探讨一下。

第一个方面是关于同济大学研支团。自从进入同济以来，我始终积极参与各类志愿服务活动，对于志愿活动，我不断从中获得一种发自内心的成就感与幸福感，因此萌生了参加研支团的想法，对于研支团所需要的各类条件我认为自己可能也是符合的，主要纠结的点有以下几个：

一是花费一年的时间是否有意义，研支团的学长学姐们都说"用一年不长的时间，做一件终生难忘的事"，我十分向往这样的经历，但是家里人或者身边人会认为这样会比其他人晚一年读研，未来工作都会比同龄人晚，应该对自己的前途负责。我本身的成绩应该可以保研，走支教保研的路是否值当，应该怎样权衡，我该怎样去让家人理解这件事情。

二是我自己内心深处没有处理好走这条路之后个人利益与公益志愿之间的矛盾，我的朋友问我如果你正常保研，你还愿意牺牲个人一年时间去支教吗，我头脑里当然是果断"say no"，这就蛮奇怪的，明明初衷是想支教，但还想要享受支教带来的保研、基层经历、学校挂职锻炼这些利益,是不是与志愿初心违背呢?

另一个问题就是关于自己的未来。可能大二就经常想硕士或博士学位读完才要考虑的事情会有些幼稚,也觉得自己未来有很多可能的方向,但是总是想更加坚定地走一条路。"坚定走一条路"会限制住自己吗?还是应该顺其自然?常常觉得顺其自然走下去有一天会发现别人早就考虑过的问题自己没有思考而错过机会,所以想早做打算。(以上是很矛盾的一段话。)

最后的问题是,我做过许多学生工作,也得到了认可,自己很享受这样忙碌的状态,自己成绩还凑合,也参与了一些科研项目。对于未来留校工作、考公考编抑或是做研究搞学术等方向,在做选择的时候需要怎样考虑,从哪些方面考虑也希望老师指点一二。

也期待之后有机会和老师面谈。浅陋之见,伏侯卓裁。顺祝老师新年快乐,万事顺遂。

回　信

亲爱的同学:

你好!在辞旧迎新的美好时刻收到你的信,感到非常温暖。非常抱歉前一段时间比较繁忙,没能及时回复这封来信。我为能与你探讨心路历程感到欣慰,也对不久的将来与你面对面交流充满期待。

首先,对于你在同济大学就读期间所展现的热情与努力,我不禁心生赞许。你不仅在学业、学生工作上,更在其他许多方面都显露了优秀的品质。你所具有的志愿服务精神更是让我感到敬佩,这是一种超越自我、服务他人的良好品质,它在你心中的火光闪耀着人性的光辉。不管你将来从事什么工作,踏上什么样的人生旅途,我觉得都可以把"志愿服务"甚至"终身志愿"当作一种生活方式。

关于加入研支团的纠结,我深感共鸣。一年,对于我们来说既漫长又短暂。它足够让一个人在支教的路上留下深刻的印记,也足够让人在未来的人生旅途上获得宝贵的财富。你提到有人说过"用一年不长的时间,做一件终生难忘的事",这话语中充满了诗意,也映射出这段经历将如何雕琢一个人的人生。就业形势与专业特点固然是考虑的因素,但更重要的是这一年能否让你的心灵得到滋养,能否让你的视野更加开阔。千万不要忘记:别人的支教经历仅供参考,而你自己才是最大的变量!同样是支教一年,有的人平淡度过,有的人"火力全开",支教的收获和提升很大程度上取决于自己的努力。至于家人的理解,沟通总是关键,诚恳地表达你的愿景与志向,让他们看到你内心的成长与变化,理解总会在爱的桥梁上搭建起来。

你提到的个人利益与公益志愿之间的矛盾,我个人认为:并不需要过分纠结。在现代社会,个人发展与社会贡献往往能够相辅相成,"支教保研"政策的出台正是为了鼓励更多像你一样的有志之士能够在追求个人发展的同时为社会做贡献(类似的政策还有"助学贷款代偿",为引导和鼓励高校毕业生面向中西部地区和艰苦边远地区基层单位就业,国家给赴这些地区就业的毕业生代偿助学贷款）。我们当然弘扬对他人的无私关爱、对社会的无私奉献。但在现实中，带一点功利心开展志愿服务也无可厚非，因为这种微妙的个人利益追求可以带来更多的积极效果。功利性动机并不排斥道德和社会责任感的发展。通过首先认识到个人利益，人们可以逐步建立更深层次的社会责任感，逐渐形成更为全面和成熟的价值观。拿支教来说，支教期间获得的保研资格、基层经验和学校挂职锻炼都是对参与者个人成长的支持，而志愿者的奉献又回馈了社会，这本身就是一种美丽的和谐。

对于未来的方向，你所展现的生涯规划和对未来可能性的渴望并不幼稚，而是走向成熟的一个起步。坚定地走一条路并不意味着限制，而是在给予自己一个明确的目标的同时，也为可能出现的新路保持开放心态。顺其自然并非放任自流，而是在坚持自己的方向基础上，对新机会保持敏感和灵活。别人考虑过的问题，你也会思考，而且还会有你独特的见解和答案，这正是成长的美好。

至于你的未来职业选择，无论是留校工作、考公考编还是投身学术研究，重要的是了解自己的兴趣所在和长期的职业规划。可以考虑的方面包括个人的价值观、职业目标、擅长的技能以及对工作生活的期望。听从内心的声音，结合自身的优势和社会的需求，你就能找到最适合自己的道路。目前这个时候，建议你锻炼身体、提升学业表现、养成一两项健康的爱好等，"功不唐捐"，这些都可以给未来的发展奠定基础。锻炼身体，不仅仅是为了健康的躯体，更是为了铸造坚定的意志；提升学业表现不仅是为了分数，更是在学习解决问题的过程中，提高思维的敏捷和深度；培养一两项健康的爱好，是为了让心灵有所寄托，让精神世界更加丰富多彩，爱好可以是艺术，可以是阅读，可以是任何让你感到快乐和满足的活动。在追求爱好的过程中，你会学会如何平衡生活和工作，如何在紧张的学业和生活压力中找到乐趣和放松。

  你的来信，让我看到了一个深思熟虑、渴望成长、勇于奉献的青年。信件的交流表达的信息还是有局限性的，期待与你的面谈，我们可以更深入地探讨你的未来规划。新学期开始了，愿你的每一步都坚定而有力，愿你的每一个梦想都能照进现实。

李博
2024 年 2 月 27 日

大一新手班长,如何提升班级凝聚力和学习氛围?

来 信

李老师:

您好!我是新生院的一名大一新生,目前就读于一个工科大类。新生周期间,我通过竞选成为班长。前一段时间班里的同学都比较忙,班级活动不太多,最近我们班委也在考虑如何开展一些活动,提升班级的凝聚力。另外,通过最近的期中考试也让很多同学重新反思了自己的学习状态,让他们更加重视学习了。但我在高中没担任过班长职务,感觉自己目前开展班级工作中仍然欠缺经验,所以给您写信请教些问题。今天想问您的是:应该怎样做来提升班级凝聚力,以及提升班级学习氛围?

谢谢您!谢谢您开设的信箱。

回 信

班长同学:

你好。非常欢迎你的来信。祝贺你在大一刚开学就获得同学们的信任,成为一名班长。我个人认为班长是班级里一个重要的岗位,班长是班级的服务者,在某种程度上也是班级的领导者。忽略了班长的服务职能,这个岗位就脱离了存在的基础;而忽略了班长的领导职能,这个岗位也会失去一部分先进性。作为班长,你的目标就是通过你的工作让班级变得更好,让每个同学成长、发展得更好(也包括你自己的成长)。当然,如果在促进成长的同时,让大家感到良好班级氛围带来的快乐、幸福和满足,那就更好了。

关于提升班级凝聚力和班级学习氛围,我有几个小小的建议,不成体系,仅供你参考:

1.了解同学所需,建立沟通机制。作为班长,你是班级和老师之间的桥梁。同学们在学业、成长、生活方面的诉求是非常具体且动态变化的,尤其是新生在适应大学生活中会遇到不少问题,因此你要学会定期与同学们进行交流,了解他们的困难和需求,帮助同学们解决问题。同时,也要定期和老师进行沟通,了解老师对班级的期望和要求,并及时将信息反馈给同学们。

2.培养"运营思维",为班级争取资源。作为班长,你就像是班级的"首席执行官"(CEO),你需要具备一定的"商业头脑",为班级争取更多资源。譬如可以争取使用学院经费甚至学校经费用于开展本班级的活动。你可以积极申请学校的班级建设项目,撰写项目申请书、参加答辩(就像是在做一场投资路演),你需要通过良好的策划,让项目审批者认为"你们的班级是最值得投资的项目"。你也可以和其他班级合作举办活动,这既可以节省成本,又能提高活动的影响力。作为班级的CEO,你要争取的资源不仅仅是资金资源,还包括人才资源等,譬如可以邀请高年级的学长学姐来分享经验、指导学习。

3.创建学习氛围,形成学业共同体。你可以鼓励同学们积极参与学习交流,借助班会等机会定期开展学习分享会,每个人都可以在会上分享自己的学习心得或是有趣的知识点。同时,也可以设立一些不像竞赛的"小竞赛",比如每周的阅读挑战、相约集体自习打卡、背单词挑战等,创造一个积极向上的学习氛围;作为班长,你还可以叮嘱学习委员及时搜集学习资料,定期分享给班级的同学等,大家共同学习共同进步,形成真正的"共同体"。

4. 关心鼓励班里每一个同学。现在我们都是小班制,每个班里的同学不多,作为班长你需要尽量了解每个人的特点和优点,关心和鼓励他们,在同学们遇到困难时给予关心和帮助。同学们生病了、被猫抓被狗咬了,是不是可以去探望一下?同学想家伤心了,是不是可以买个奶茶安慰一下?你也需要常常鼓励同学们,让他们感觉到自己的努力和进步都被看见和认可。

5. 组织团队活动,打造共同记忆。团队活动可以增强班级的凝聚力。你可以和班委一起组织一些有趣的活动,如团队建设游戏、户外拓展活动、文化赛事等,让同学们在活动中增进彼此的了解和友谊。可以通过制订班级公约、设计班级Logo、开通班级微信公众号等,建立起属于班级自己的文化,增强班级的归属感。每个成功的组织都有自己的传统,班级也不例外。你可以和同学们一起"创造"一些班级传统,比如学期的班级聚餐、每月的"city walk"、每周的团队分享等。这些"传统"可以增强班级的凝聚力,也可以让大家有更多的共同记忆。

6. 善于借助班级里其他骨干的力量。以上5条我说的所有工作,都是你们整个班委团队的工作,而不是你一个人的工作。作为班长你有时候可能会觉得压力很大、任务繁重,这个时候你需要运用班级中的其他骨干的力量，比如学习委员、文体委员、生涯委员、心理委员等。他们都是你的团队成员，可以帮助你分担工作，你们一起组成了一个团队共同为班级服务。你需要听取他们的意见和建议，共同决策，这样可以提高班级的凝聚力和效率。

7. 审时度势，做好"两个平衡"。平衡是人生智慧的真正体现，也是班级工作的重要体现。班级活动不是越多越好，多了也有可能影响同学们的学习，所以要做好班级活动和日常课业的平衡；对于你本人来说，也不是说投入班级工作的时间越多越好，要做好"服务班级"和"自我成长"的平衡。作为班长，你的行为、态度、学业表现会影响到整个班级。因此，你自己也要有积极的学习态度，有良好的学业表现。

祝你进步！欢迎再次来信联系，也欢迎你们班的同学参加同舟学堂的各种活动！

李博
2023 年 11 月 15 日

大家都有热爱的东西，如何找到自己的热爱并从中汲取力量？

来　信

老师：

　　您好！很多同学朋友都有自己热爱的东西，每次在朋友圈看到大家有着各式各样的快乐来源，比如演唱会、电影、各种演出、剧本杀，等等，我都会感到羡慕。怎样找到自己的热爱，并从中汲取活力的来源呢？

回　信

亲爱的同学：

　　你好！我从你的来信中感受到了你的困惑，也感受到了你对生活充满热爱和渴望。对事物发生兴趣其实也是人的常态，对世界上的事物没有兴趣才是一种反常态。人只有在严重失落特别是绝望时，才会对什么都不感兴趣了。这种兴趣和爱好（特别是热爱），确实也有疗愈自己、鼓舞自己的功效。就像我喜欢在下班路上开车的时候放上自己喜欢的音乐，当音乐扑面而来、环绕自己的时候，感觉到一天的工作也没有特别疲惫。

　　来信中你提到了你的朋友们都有自己热爱的东西，而你正在努力寻找属于你自己的热爱和活力的来源。前几天拿这个问题咨询同事。同事朱华珍老师说："翻开你的小红书，看看最近的收藏，有哪个想做的，赶紧去做吧。"这确实是一个很好的办法。

人的兴趣可以从生活的点滴中被激发,从一个小小的问题,到对世界的好奇,都可以成为我们兴趣的源泉。在这个问题上,我先分享一些观点和建议,希望能对你有所启发。

1. 在兴趣的基础上建立爱好,把爱好进一步发展成为热爱。一个人可能暂时还没有热爱的东西,但很少有人说对所有的事物都没有兴趣。因为热爱的层次非常高,要明显高于兴趣。我建议你盘点一下自己曾经有过的兴趣,看看哪些兴趣已经成为或即将成为自己的爱好。你也可以尝试多接触一些新的事物,如社团活动、校园文体活动、班级活动等,新的体验可能会帮助你找到新的兴趣。

2. 综合考虑自己具备哪些主客观条件,把某个或某几个爱好发展成为热爱。从兴趣上升到爱好,再从爱好上升到热爱,是需要一定的成本的。成年人会考虑做事情的成本和收益,如果一件事情付出成本,做了之后却没有收益就很难坚持,因为时间、金钱、精力都是成本。那些能持续沉淀、需要花时间精力去修炼提升的爱好,都是需要长时间的探索才能发现其中对你真正有内涵的东西,也只有这样的爱好才能给人带来心灵体验和人生财富。既然达到热爱需要一定的物力人力财力投入、需要花费很长的时间、需要牺牲掉其他一些机会,所以要不要让某些爱好上升为热爱,就需要你经过冷静的可行性分析以后再做选择了。

3. 热爱和活力的来源,跟人生的目标或梦想紧密相关。为了实现自己认为重要的目的,人会绞尽脑汁、想方设法、竭尽全力、全力以赴,甚至"舍生忘死",热爱或信仰也会由此培养出来。反过来，热爱也是实现人生目的的精神动力和重要途径。你需要在你的心中找到那个足够让你付出所有的热爱、那个能让你全力以赴的热爱。所以我建议你"以终为始"，想想自己离开人世前，希望自己在哪些领域有所作为，达到什么样的高度，或者希望自己能留下一些什么。按照自己的真实想法思考就行，不一定要非常具象，但至少有一个初步的答案。这里需要强调的是，因为我们这个话题说的不是职业规划，所以如果是工作性质但自己不喜欢的事物，就不要作为考虑，只要考虑自己真正喜欢什么就行。找到自己的热爱不会一蹴而就，它需要一段时间，也需要尝试很多事情。这个过程可能会让人感到迷茫和困惑，但请记住，这只是过程，你需要有耐心。而且，这个过程本身就是一种成长，你可以在这个过程中了解自己，不断发现自己的能力、天赋。

我希望以上的分享能够对你有所帮助，也期待你在寻找热爱的旅程中能收获满满的快乐和成长。请勇敢地去寻找你的热爱、去追求你的梦想、去创造你的生活吧！

李博

2023 年 12 月 13 日

6

爱的形态，如此美好
情感迷茫与感情支撑

暗恋一个女孩一百多天，愈发意难平，怎么办？

来　信

老师：

　　我喜欢一个女孩一百多天，愈发地意难平。情绪几乎会被左右，仅仅取决于她跟我发消息的频率。愿意为她变得更好，每天都会努力学习和运动，真的有在好好生活。但正如《霍乱时期的爱情》里那句："只有上帝才知道我有多爱你。"只有我知晓的单相思，不敢表达，又该如何有个结果？阿里萨为费尔明娜等待了五十三年七个月零十一天，但代价是终日郁郁寡欢，纸醉金迷。我不希望自己陷入这样的状态，情绪大起大落。但是我能感觉到能成功的可能性很小，我也好像只是沉浸在自己幻想的渺影，仅仅不断在自己心里坚定这份感情，只有上帝知道。这份爱自始至终是偷偷的，窃喜的，失意的，无奈的，我不知道该怎么解，望老师指点迷津。

回　信

亲爱的同学：

　　你好！欢迎你的来信。从你的来信中，我能深切地感受到你所承受的情感压力，以及对爱情的真挚追求。你的文字细腻而精准，通过引用《霍乱时期的爱情》中的经典情节，更是将你的内心世界展现得淋漓尽致，让人读起来既心疼又忍俊不禁。这种语言表达能力，让你的来信不仅仅是一封倾诉或问题的表述，更是一篇可读性极强的小作品。

你提到的暗恋，实际上是一次心灵的试练。每一次恋爱的经历，无论其结果如何，都是向着恋爱彼岸迈进的重要一步。它们教会我们如何去爱，如何被爱，以及如何在爱中成长。即使是一段未能抵达彼岸的恋爱，其价值也远超过从未尝试过的遗憾。

"暗恋是一种自我修养，长期暗恋则可能升级为自我折磨。"在你的情感世界里，暗恋无疑是一场与自己的内心斗争，但我想告诉你的是，与其在这场内心的纠结"内卷"中无限循环，不如将之转化为"外卷"的动力。譬如尝试约她吃饭，看演唱会，这些都是很好的开始。将你的暗恋转化为一种动力，不仅能让自己变得更好，更能够为这段可能的情感之旅铺平道路。来信中你说，"每天都会努力学习和运动"，这也是一种很好的"外卷"，这份动力还可以转化为自身提升的源泉。无论是学业上的精进，还是身心的成长，都是对自己最好的投资。

有一种不得不谈的"外卷"，就是"要不要向对方表白"。我个人的建议是：不要急着表白。因为如果女生还不够了解你，她有可能因为你的表白产生一种纠结与焦虑。而在纠结和焦虑的情况下，人们往往会倾向于做出来一个保守的决策。女生直接拒绝掉男生或者是说考虑一下之后，都会让男生很被动，因为在这之后，男生所有和女生的接触都会被女生看作是在追求她的主动"献殷勤"。事后，你再约她看电影吃饭，都有可能在她心中变成"看，他又在追我！"的戏码。所以，我个人的建议是慢慢来，先做朋友，建立了解和信任。等到她对你有了更多好感，甚至有点小依赖的时候，你再大方地展示你的爱意，这样成功的概率就会高得多。

另外，爱情还意味着你需要为即将到来的各种可能性做好心理准备。即使对方接受了你的爱的邀约，恋爱的路途也不一定一帆风顺。这是因为爱情本身就充满了不确定性和挑战。每一段感情的旅程都是独一无二的，它们需要双方共同的勇气、耐心、决断力和付出。恋爱之船的确可能会遭遇颠簸，甚至侧翻，但正是这些经历，构成了爱情最引人入胜的部分。而抵达恋爱的彼岸——婚姻，更是一个需要时间和代价的过程。

此外，我们不能将生命的全部寄托于爱情之上。跳出恋爱，以一个更宽广的视角来审视这段感情，你会发现生活中还有很多值得我们去探索和珍惜的东西。爱情的确是人生中的一大乐章，但它不是唯一的乐章。通过这样的视角来看待恋爱，你会发现，成功抵达恋爱彼岸的概率也会大大提高。

"有的人为了爱情而生，有的人为了爱情而死，而有的人为了寻找爱情而活。"尼采虽然在爱情中遭遇了失败，但他的哲学思想和对生命的洞察力，却因此更加深邃。这正是因为他敢于爱，敢于面对爱情中的失败，并从中吸取了生命的精华。因此，勇敢地去爱吧，无论这段爱情是否能够"终成眷属"，它都将是你成长道路上的一道亮丽的风景。生命中的每一次遇见，都有其独特的意义和价值。珍惜现在的自己，珍惜那些勇敢尝试的日子，因为这正是构成你独一无二的人生的部分。

祝你在爱情的海洋里航行顺风,同时也别忘了享受沿途的风景。

李博

2024 年 4 月 7 日

好朋友为情所伤，该怎么安慰她？

来信

老师：

您好！我朋友被喜欢过的人伤害了，现在情绪有点崩，我好担心她，该怎么安慰她才好？

回信

亲爱的同学：

你好！感谢你的信任，也欢迎你的来信。来信中说到你的朋友内心受到伤害，我觉得这种情况下很难立即劝她停止难过，还是要肯定她的这种情绪是一种特别正常的反应。可能需要一点点时间把这个情绪宣泄出来。

我也不知道什么语言可以安慰你的朋友，行胜于言，我觉得只要她能体察到你的态度以及你对她的爱、对她的陪伴倾听支持，她的难过就能减缓很多。而且我相信她一定能体察到的，人的第六感超级厉害，据说你打电话时微笑还是板脸、站着还是坐着，对方的感受都是不一样的。你也可以用鲜花、美食、小礼物等，表达对她的关心和友谊。

除了关爱，可能需要再给她加一些鼓励。受到感情伤害的人有时候会否认自己，在潜意识里认为是自己不好才导致别人对自己不好，或者觉得自己不配得到好的事物。你应该告诉她，阳光下的我们都独一无二，她还是那样美好、独特。

人可以情绪正常地生活工作，离不开各种各样的支持系统，譬如亲情支持系统、友情支持系统、事业支持系统、亲密关系支持系统等。最好每个系统都能强健有力。这样即便其中一个遭遇打击，另外的系统也可以支持人恢复正常，譬如在外工作受了委屈，回到家推开门发现家庭是温暖的，心中会有很大的安慰；被朋友背叛的同时，事业腾飞赚了一大笔钱，情绪也不至于崩溃。

风雨打歪了禾苗，可禾苗之后仍会吸收阳光雨露继续成长。你对她坚实的爱与支持鼓励就是阳光雨露的一部分，相信她的伤痛会自己慢慢愈合的。

来信中你提到的信息不多，欢迎你继续来信交流。如果问的问题涉及隐私，可以要求我私密回复。

李博
2023 年 9 月 20 日

大一要不要谈恋爱?

来　信

老师：

大一要不要谈恋爱？

（注：来信原文就是这么短）

回　信

亲爱的同学：

你好。非常感谢你的来信。这是一个很好的问题，但也是一个非常个人化的问题。我曾经看到过16岁在高中谈恋爱最后和当初的女朋友步入婚姻殿堂的人；也曾见到过30岁谈恋爱却仍然平衡不了工作、生活和情感的人。

所以，年龄（或者说年级）并不是恋爱这件事的唯一变量。大一要不要谈恋爱，除了考虑是否情投意合，可能还要考虑许多其他的因素。譬如：你自己的情感准备如何、是否有足够的陪伴时间、是否可以给对方提供情感支持、是否具有兼顾学习和恋爱的能力，以及是否与你个人的长远人生目标相符合等。

恋爱是一种情感经历，它可以帮助你更好地理解自己，学习如何与他人沟通和建立亲密关系。然而，恋爱也需要投入时间和精力，这可能会影响到你的学业和其他活动。因此，你需要考虑一下自己的"平衡能力"。无论你是否选择恋爱，都请记住，大学是一个学习和成长的过程，是一个发现自我，追求梦想的过程。你的选择，无论是什么，都应该服务于你的长远发展和生活幸福。

祝你在大学生活中找到属于你自己的幸福和成长！

李博

2023 年 10 月 31 日

原生家庭让我决定以后不考虑结婚生子

来　信

老师：

　　您好！我想请教您一个感情问题（感谢匿名箱和老师的提供的机会！不然这个疑问我会一直一直找不到答案）。自己由于受到原生家庭的影响，决定以后不考虑结婚生子。但是又由于自己不太擅长拒绝的缘故，即使是在这个前提下也建立过五段恋爱关系，但是每一段都不平不淡（让异性对自己心动对我来说太简单了）。我明白所有爱意大概率会被世俗裹挟，最终一点一点埋葬在时间里——尤其是校园恋爱通常不过是一场没有结局的体验罢了，所以潜意识里面一直给自己设防——不能让自己太过心动，但是从小缺失的来自家庭的关怀又让我渴望去爱。所以我常常在这样的矛盾中感到迷惑……也谢谢老师听我说这些，就算没有答案我也感谢老师的倾听。（PS 我是女孩子）

回　信

亲爱的同学：

　　你好。感谢你的来信和信任。老师不是学心理学的，也很少讨论情感问题，今天只能谈一点感想供你参考。

　　我感觉"原生家庭"是一个挺好的概念，它有助于让我们分析自己的心理困惑、心理问题。但是学习"原生家庭"这个词，不是为了让这个词来限制自己的人生，更不是遇到事情就甩锅给

"原生家庭"。

  我们都是成年人，成年人就意味着为自己的情感负责。小时候，我们的人生就像是一团橡皮泥，父亲、母亲以及老师等，都可以给我们人生施加影响力，让我们变成他们想变成的形状。但是现在不一样了，你是一个成年人，你可以在某种程度上决定自己的"人生形状"了。原生家庭导致的人生悲剧确实有，包括在影视剧里也有表现（譬如"樊胜美"等）；但是有许多原生家庭不够好的人，不是也超越了原生家庭的局限，组建了美好的家庭、取得事业成功吗？

  所以，你学习了"原生家庭"这个概念，更要努力超越"原生家庭"！也许将来你足够温暖和强大，甚至可以适当疗愈原生家庭。

  你在信中提到你谈了5次恋爱都没有什么结果，并把这个和原生家庭联系在一起。其实呢我觉得二者可能未必有太强烈的连接。其实像你这样条件很好、情商很高的女孩，在这个年龄有好几次无果的恋爱经历感觉也正常（包括有些男生好像也是这样）。少年人血气未定，许多恋爱可能都基于刹那间的心动；但恋爱本身是要讲责任的，希望今后你的恋爱中充满"爱是恒久忍耐，又有恩慈"。

  最后老师也把祝福送给你：愿你今后有美好笃定的生活，也许以后有出人意料的美好的感情、美好的小家庭。

李博

2023 年 11 月 1 日

家长每次都说只是建议，做不做由你，可我的感觉是……

来　信

老师：

　　我好焦虑好累啊。学科这边有写不完的作业，还有做不完的笔记，每次都只是草草了事，都没有时间去好好沉淀下来。我父母离异，双方都有了新的家庭。母亲很希望我参加各种活动、竞赛，参加班干部竞选，或者加入学生会之类的。每次都是把各种好处摊开来讲，然后留下一句：我只是建议，做不做由你，但是以后怎么怎么样不要怪我哦。我总是感到很有压力，虽然知道自己要量力而行，但是每次都如她的愿。

　　我现在感觉我要忙不过来了，我自己也没有那么大的能力去做好每件事。我又是敏感的人，总是担心自己做不好被人说，就更有压力了。他们离异的时候说好由父亲负担我的大学生活费，但是现在他的生意也不好，还有一个孩子要养，我很怕他。我不敢问他要钱，我想过申请"助学成才"，但是我的父母都不同意，所以我又去做了学工助管，时间更少了。我现在一团糟，我感觉我初高中就是书呆子，都没有什么社会经历，什么也不懂，我逼着自己去社交，但是我真的好讨厌啊。但是不逼不行啊，很多事情是投票制的就是看你朋友多不多，我真厌恶这样的东西。

回　信

亲爱的同学：

你好！感谢你对老师的信任，在来信中分享了自己的难处。当我看到你说不敢问家长要钱的时候，我有点心疼，一时竟不知道如何回信。

家长对子女的期望与子女对自身自由发展的期望，好像经常会形成一对矛盾。而你所面临的局面，更是发展问题、家庭问题、经济问题、学业问题交织在一起。这里面的核心问题，可能还是父母与子女在生涯发展方面期望不同所造成的矛盾。

在正常情况下，母亲作为长辈而给儿女提出一系列发展建议，是完全可以理解的。人是希望的动物，人靠希望而活着。谁都把希望寄托于未来，人总是希望活得更好。所以有时候人的现状越是不好的，越是把希望寄托于未来。

我个人认为你之所以陷入目前的困境，就是太希望让母亲满意了。你虽然知道实现母亲的希望必须量力而行，但又情不自禁地去拼命落实母亲的愿望，结果深负压力一团糟，做了许多自己不能马上胜任（甚至永远不能胜任）的事情——比如拉选票。

而这个困境的背后深层原因又是什么，可能需要你自己去分析。是不是自己感恩、顺应母亲的心态（这是一种非理性的心态）占据了自己行动过程的过高地位，挤占、打压了量力而行的客观理性态度，做了超出自己力量范围的事情？要知道，并不是每个人都擅长搞社会活动搞社交活动的。

所以，改变目前困局的办法是，"报恩的心情"必须服从

"量力而行"的态度，而不能让"报恩的心情"压倒客观理性的"量力而行"。建议你对自己的能力进行冷静的分析，写出简要分析报告，扬长避短、收缩战线，先在有限的时间内做好自己擅长的事情，在此基础上再重新评估自己的优劣，平衡自己的兴趣、愿望、能力和主客观条件。你可以去争取最大限度把母亲的希望转变为现实，但必须始终清醒认识到，母亲的希望永远不可能完全实现。

还有，你总归要学会自己给自己的人生做选择。祝你的一切都慢慢变好！经历过磨练的人生也会更加坚韧和有格局。

李博
2023 年 12 月 14 日

她说无法和我发展出超越朋友的感情,我该怎么办?

来　信

老师:

　　您好,我想请您帮忙解决我的一些小困扰。几个月前我通过高中的校友平台认识了一位友校的女孩。她的性格和三观深深吸引了我,我也让她有了不一样的感觉。我们经常长谈,也一起畅想我们的未来。一段时间后我们挑明了,愿意尝试和对方发展。我们线下见了几面,印象也都很好。正当我认为我们应当能够成为男女朋友的时候,现在她突然表示自己觉得没有朝夕相处的面对面陪伴,发展不出超越朋友的感情。我既觉得她观念有点幼稚可笑又改变不了她的想法,还舍不得这段目前来看喜欢又合适的感情。请问老师,我该怎么做呢?

回　信

亲爱的同学:

　　你好!非常欢迎你的来信。从你的来信中,我能感受到你当前的困惑和不安。情感生活是我们生活的重要组成部分,绝不是一个"小困扰"而已。它影响着我们的心情、决策,甚至是我们对生活的态度和热情。但是情感的事情又是那么复杂而微妙——尤其是当我们遇到心动的人,却发现两人的步伐并不完全一致时。我理解你现在的心情,同时也欣赏你愿意寻求建议来处理这种情感关系的成熟态度。

首先,关于你提到的女孩突然表示难以发展超越朋友的感情,我想说,这并不代表她的观念幼稚或可笑。恰恰相反,这说明她在认真考虑你们的关系,以及自己能够给予和接受的感情类型。每个人对于感情的理解和需求都是不同的,她通过这种方式表达自己的感受和界限,实际上是一种成熟和负责任的态度。可能对于她来说,没有经历朝夕相处的陪伴,确实难以建立起更深层次的感情联系。

收到你的来信后,我担心自己难以把握女生微妙的心理,特意把这封信拿给隔壁办公室值班的研究生助管学姐看了看。这位学姐说,来信里的女同学总体的态度是拒绝的。确实,我们有时候需要接受这样一个事实:不是每一段美好的开始都会有我们期待的结局。委婉的拒绝依旧是拒绝,这一点你会逐渐体会清楚,同时这也是你需要勇敢面对和接受的。追寻背后的原因或试图改变对方的想法,往往会让自己陷入更深的困扰和痛苦中。最重要的是,我们需要学会尊重对方的感受和选择,就像我们希望自己的感受和选择被尊重一样。

那么,接下来怎么办呢?正如你所说,你们之间有着深厚的友情和相互吸引。即使不能发展为恋人关系,仍然可以继续作为朋友相处。真正的友情是宝贵的,它超越了恋爱关系的局限,可以成为人生旅途中长久的陪伴。但同时,不必刻意用力。感情的事情,确实不需要强求。让一切随缘,给彼此一些空间和时间,可能对你们都好。

在此期间,不妨将更多的精力投入到自己的成长上。无论是学业、兴趣爱好还是个人修养，都是值得投资的领域。你若芬芳，蝴蝶自来。当你成为更加成熟、有趣和有魅力的人，自然会吸引到与你相匹配的人。这种吸引不仅是基于外在的条件，更是源于内在的光芒和魅力。

最后，我想提醒你，每一次的感情经历，无论结果如何，都是宝贵的。它们让我们更加了解自己，明白自己真正想要的是什么，同时也教会我们如何更好地与人相处。感谢你信任我，分享了你的故事。我相信，无论未来如何，你都能找到属于自己的幸福。

李博
2024 年 3 月 31 日

还没脱过单,好焦虑啊

来　信

老师:

看见别人有对象或者都谈过恋爱,自己还从来没脱过单,很焦虑怎么办?

回　信

亲爱的同学:

你好,欢迎来信。由于我没有专门学习过恋爱心理学,也不知道你的年龄、年级,所以不知道你具体处于一个什么样的状态当中。你有没有自己思考过这种焦虑来自哪里?是年龄大了家人会催婚的焦虑?还是对自己异性缘不够自信的焦虑?还是其他的焦虑?我不太懂这种微妙的心理。

一段恋情可能来自一次不经意的邂逅,也可能来自长时间的爱慕。最后能够修成正果的,靠的还是两个势均力敌的人在尊重和爱慕中平等相处。瓦西列夫在《情爱论》中说,"爱是最高的艺术"。所以,爱可以说是世上最难成功的一件事。谁也不敢轻言:我掌握了世上最高的艺术。在暂时不能邂逅的时候,还是可以多花精力在一些对你有持久影响的事情上,譬如锻炼身体、养成良好习惯、专注学业、博览群书、广交朋友。这样当你邂逅恋情的时候,也会有一个最好的状态。以下是一些小小的建议:

不要过于焦虑地去比较自己和别人的恋爱情况。每个人的人生和经历都是不同的，每个人的恋爱时间和方式也会不同。不要给自己太多压力，而是要相信自己的人生价值和独有魅力，慢慢地寻找适合自己的伴侣。单身的人是否容易焦虑，也跟自己的内在状态有关。有的人单身确实是因为很难跟人建立信任，很难发自内心地关心他人。这种情况下，单身确实容易让自己感觉到自己没有价值。因为单身这一事实会不断地提醒他，让他不断地看见自己在人际关系处理上是有问题的。而有的人单身，是因为他已经能充分了解自己，知道自己最需要的是什么，想要建立更有质量的亲密关系。这种人即使单身，也会与其他人建立起很亲密、很信任的关系。在生活上他们能够取得充分的情绪价值来满足自己，他们知道自己为什么单身，也比较坦然接受自己单身的状态，自我的认同感比较稳定，不容易因为父母或者其他人的话语而否定自己。最大的安全感是自己建立起来的，明白了这一点，你就能毫无顾虑、不急不躁地面对单身状态。

接受自己的单身状态。单身并不是一件坏事，它也有很多优点。你可以享受自由和独立，追求自己的兴趣和爱好，开展自己的事业和人生。不要把单身视为一种失败或缺陷，而是要学会享受单身生活，从中发现自己的优点和魅力。你无需通过找到另一个人来证明自己值得被爱，单身的你没有任何问题。单身的快乐时光就像一座花园。它需要我们种植、培育、灌溉和滋养，还要确保它能得到足够的日照，只是你需要定期清除单身的悲伤和不满。

增加社交和认识新朋友的机会。增加社交和认识新朋友的机会可以扩大自己的人际关系圈，也可以增加自己和别人相识和交往的机会。你可以参加一些社交活动、参加兴趣小组或者志愿者团队等，这些活动可以让你认识到更多的人，也可以提高自己的社交能力和魅力。当然，在这些过程中也不要带着极强的目的性，试着让人与人之间的交往变成一件顺其自然的事，这样你才不会对这些人际交往感到失望，更多的可能是惊喜。

提高自己的个人魅力和自信。提高自己的个人魅力和自信是吸引他人的重要因素。你可以努力学习、提升自己的形象、增加自己的自信心，等等，这些都可以提高自己的吸引力和自信心，从而更容易吸引到适合自己的伴侣。大学时期，放在你整个人生中来说都是一个熠熠生辉、风华正茂的阶段。好好充实自己的生活，努力提升自己的内心世界。这样你整个人的磁场才会扩大，才会有人被真正自信的你所吸引。

总之，恋爱是一件自然而然的事情，不要过度焦虑和比较。人是有特定磁场的，就像俗话说的"物以类聚，人以群分"，会被你吸引的人自然会向你走来，倘若你先心动，那也不要止于羞涩，要及时表达你的仰慕之情，不要眼睁睁看着对方与你擦肩而过。同时，不要只着眼于他人的幸福，自己一个人也要享受单身生活，追求自己的兴趣和爱好，让自己的生活更加充实和有意义。

最后祝你拥有甜甜的爱情，更祝你健康茁壮成长！欢迎进一步来信探讨。

李博

2023 年 11 月 29 日

男友找借口不愿打视频,我一气之下提了分手……

来　信

老师:

　　我想请教一下,恋爱到了冷淡期之后到底该怎么处理才能更长久地走下去呢?我和对象已经一个月没见面了,前天他找借口不愿意和我打视频,我一气之下提了分手,现在不知道怎么解。

回　信

亲爱的同学:

　　你好,由于不擅长回答感情类的问题,所以回复慢了,非常抱歉!阅信之后,我有些担心你的感情困扰,又觉得问题本身很可爱。可能是年轻时代的爱情就是有一些互相的误会、有一些吵闹和生气,但不管怎样都让人觉得很美好!看到你的文字描述,我也能感受到你内心的纠结和困惑。恋爱中的冷淡期是一个常见的现象,但也是一个需要面对和解决的问题。

　　不知道在你投了信给我之后的这几天里,你们有没有和解?你主动找他了吗,或者他主动找你了吗?如果你还陷在苦恼之中,我这里有几个不成熟的小建议,供你参考:

　　坦诚沟通,建立双方的信任与理解。在感情中,坦诚沟通是非常重要的一环。无论是让关系更好地发展,还是处理分歧,都需要有诚意的交流。更何况不同的人在面对压力和情绪时有不同的应对方式,或许你的伴侣正处于一种情绪上的低谷。试着与他开诚布公地交流，了解他的想法和感受。表达你的关心，也让他知道你的感受，相互的理解能够帮助解决问题，而陷于纠结反而会导致自己很多时候想太多，让自己心生烦躁与不安。

尊重彼此，保留双方的独处空间。每个人都需要属于自己的一片空间，有时候冷淡期也是为了调整心情。不要过于焦虑，给彼此一些时间和空间，让关系能够在自然的过程中平稳发展。而且每个人都应该有自己的生活，每个人都应该还有其他的感情，比如友情、亲情等，只有爱情是不完整的。对于情侣来说，两个人天天"黏在一起""连体婴儿"也许并不是最好的状态。除了爱情，每个人还得有自己的社交圈和生活。只有这样，双方才能让彼此保持一定的新鲜感。

回顾美好，珍惜你们相知相遇的缘分。回想当初你们在一起的原因是什么。回想起初相识的美好时光，或许能让你们重新找回共同的目标和热情。同时，一段好的缘分不能因为对方突然的不稳定情绪而被终止，这样对于你们两个人而言都是一种草率的行为。学会珍惜彼此，理解和尊重对方的情感。爱情最怕的是不懂得感恩和珍惜。很多情侣相处久了，很容易把被爱当成理所当然的事，当对方的爱少了一点点，就会忍不住抱怨对方。其实爱情是相互的，需要他的努力，也需要你的努力。所以，有时候处于恋爱中的人要主动一点，多关心一点，多理解一点。

冷静思考，尝试厘清自己的需求以及对方的感受。当情绪冷静下来后，要慎重考虑清楚你是否真的愿意结束这段关系。分手是一个大的决定，虽然你可以单方面提出，但伤害到的感情是你们两个人共同的积累。情感可能会让我们在不理智的情况下做出冲动的选择，但在经过深思熟虑后，你才会更加明确自己的想法。或者试着站在对方的立场去考虑问题，每个人都希望得到对方的肯定。很多情侣开始相爱的时候，眼里都是对方的优点。到了冷淡期，就不喜欢对方了，总是互相指责。关系自然越来越冷。所以，你不妨多看对方的优点，多赞美对方，这样关系会越来越好。

最后，无论你决定如何处理，都要记得尊重自己的感受。无论是继续还是分手，都是你为自己选择的路。感情之路不可避免有一些曲折和起伏，但也会给你带来成长和启示，你会获得的不仅是对自身更深入的认识，也会从中明白自己所适合的感情是什么样的基调。

爱情本身有一个自然萌芽、生长、成熟的过程。有时候我生怕自己提的建议不好，反而干扰了它本身的演变过程。祝福你一切顺利，保持乐观和光明！斯人若彩虹，遇上方知有，诚挚地祝福你拥有美好的感情！

李博
2023 年 12 月 6 日

我是少数民族,父母希望我回出生地和同民族结婚生子

来　信

老师:

您好!有个问题想请教老师。我是少数民族,父母希望我回出生地和同民族结婚生子,并且把这个归类为原则性的问题。他们真的很固执!可是我很抗拒,哪来那么多同民族的人?为什么要回去?为什么一定要结婚?一想这个我就气到爆炸!

回　信

亲爱的同学:

你好!欢迎你的来信。读了你的来信,感觉你和你父母的想法都没有错。你的婚姻自由肯定是受到法律的保护;而你的父母则是出于一种民族文化的惯性对你提出了要求(祖祖辈辈的文化告诉他们这个才是正确的,这样做才是对你好)。

我本人阅历不够,生怕回答不好你的问题。今天上午特意联系了同济大学关工委的老师,他们非常认真地提了建议,并表示希望后续还可以与你交流。目前的几条建议如下:

1. 这件事一定要冷处理,不要去直接顶撞父母、产生冲突。时间也是解决问题的方法和良药,也许随着时间的流逝,以前很突出的问题都不再是问题了。冷处理不代表消极回避,而是以一种冷静、理智的态度面对问题。在这一过程中,你可以多与父母沟通,表达你的想法和感受。但要注意沟通的方式和语气,避免

让他们感到被冒犯或威胁。你可以选择在一个平和的环境中，与父母心平气和地交谈，尝试理解他们的担忧，同时也希望他们能理解你的选择。这样可以有效地避免冲突的升级，为解决问题创造一个良好的氛围。

2．当你预见到有可能产生冲突的时候，想办法由第三方来帮助协调，这样可以灵活处理。第三方可以是你们共同信任的亲戚、朋友，也可以是学校的心理咨询师或关工委的老师等。第三方的介入往往能够提供一种中立的视角，帮助双方更好地理解对方的立场与感受。你可以先与第三方沟通，让他们了解你和父母的具体情况，再由他们出面协调。这不仅能缓解紧张的氛围，还能为你和父母提供一个理性对话的平台。这样做不仅能有效减少冲突，还能促进家庭成员之间的理解与信任。

3．万一将来你要和其他民族的异性结亲，预先要向对方讲清这些情况，免得将来婚姻产生矛盾。婚姻是两个家庭的结合，而不仅仅是两个人的事情。你需要在婚前与对方坦诚沟通，讲清楚你们可能会面对的一些文化和家庭问题。这不仅是对彼此的尊重，也是对未来婚姻生活的负责。你可以与对方一起探讨如何应对这些挑战，达成共识。这样一来，不仅能减少未来可能出现的矛盾，也能增强你们之间的默契和信任。

除了上述建议，我还想补充一些更具体的策略：

4．增强自我认知与情感管理能力。面对父母的反对与压力，你需要学会如何正确地管理自己的情绪，保持内心的平衡。情感管理是一门需要不断练习的课程，你可以通过阅读相关书籍、参加心理辅导课程等方式提升自己的情感管理能力。同时，多关注自己的内心需求，了解自己的真实想法与感受，这有助于你更好地应对外界的压力与挑战。

5．积极寻求社会支持。在面对家庭压力的同时，你也可以寻求社会支持，例如朋友、老师、心理咨询师等。通过与他们交流，你可以获得情感上的支持与建议，从而更好地应对家庭问题。你还可以参加一些相关的社团或组织，结识更多志同道合的人，扩大自己的社交圈。这不仅能丰富你的生活，还能增强你的社会支持网络，让你在面对问题时不再孤单。

6．理性规划未来。面对家庭的反对，你需要有一个清晰的未来规划。无论是学业、事业还是婚姻，你都需要有一个明确的目标与计划。这样一来，你不仅能更好地应对家庭的压力，也能增强自己的信心与独立性。在规划未来时，你可以与专业的职业规划师或导师交流，获得更多的指导与建议。同时，多关注自己的兴趣与特长，选择适合自己的发展方向，这有助于你在未来的道路上走得更加坚定与自信。

由于对你的具体情况不是太了解，先谈这么多。欢迎你加我的微信（每个班的班长、辅导员都有我的微信），我们可以在校内面谈，共同探讨。如果你愿意的话，到时候我们还可以邀请关工委的老师一起给你出主意，做你的"智囊团"。

希望这些建议能对你有所帮助。无论如何，请相信自己，你有能力面对并解决这些问题。每个人的人生都是独特的，你有权利选择自己的道路，并为之努力。愿你在未来的日子里，能够找到属于自己的幸福与平衡。祝好!

李博

2022 年 5 月 26 日

学生再次复信

谢谢老师的回复!真的对我很大启发!

爸爸一个家,妈妈一个家,而我春节不想回家

来　信

猫头鹰老师:

　　你好,我是一名大一新生。目前还在期末考试中,但班里在统计寒假回家的情况,这件事让我陷入纠结之中。我父母是在我中考那个暑假离婚的,目前他们都已经组建了新的家庭,有了新的生活,我爸爸的家庭也有了小孩。他们离婚的时候我是跟我妈妈的。虽然最近他们都在打电话的时候问我什么时候回家,而我到哪里都没有归属感,好像我对美好家庭生活的设想在那个暑假就崩塌了。虽然我一直安慰自己,爸爸妈妈目前的生活看上去还不错也是好事,他们之间也因为我必然有一些联系,彼此维持着客气平和的关系,但我还是经常幻想回到小时候同时拥有爸爸妈妈在身边的生活。所以我现在觉得春节到哪里都没有意思,目前我有寒假留校的想法。猫头鹰老师您有什么建议吗?

回　信

亲爱的同学:

　　你好!非常欢迎你的来信。

　　感谢你信任我,向我敞开你的心扉。你的来信让我感同身受,我看到其中既包含了你对家的深深思念,也有着对过去生活的无奈回望。

　　春节,这个传统节日在每个中国人的心中都占据着特殊的

位置，它不仅仅代表着阖家团圆，也承载着每个人对于家的温馨记忆。你的心情我能理解，当家的形态变了，那份纯粹的温暖也随之改变，但亲爱的同学，家的本质并没有变，它仍然是最关心你、爱护你的港湾。2023年，你顺利升入大学，这应该是你第一次连续几个月的时间离开家人吧？想必你的好多家人都在殷切期盼着你过年回去团聚。在这里，我先谈几点小小的感想：

首先我想说的是，无论父母的生活如何变迁，你对他们来说都是最宝贵的存在。父母的新生活并没有改变他们对你的爱。他们的婚姻可能结束了，但父母的角色永远不会结束。他们之间通过你保持平和的关系，是对你的一种支持和呵护，也是他们共同爱你的方式。

我明白，你心中对于完美家庭的向往，在父母离婚之后遭遇了沉重打击。但每个家庭都有其独特性，和谐可以有很多种形式。重要的是，你应该在其中找到你的位置，并感受到爱，无论这种爱是如何呈现的。

你提到的不愿意回家的念头，我能理解那是因为心里还有些许的不舍和疼痛。但让我告诉你，时间是治愈创伤最好的医生。或许这个春节可以成为一个转折点，让你有机会以一种成熟的方式去面对家庭的新形态，去接受每个家庭成员现在的生活状态，包括那些新的小成员。

另外，你的祖父母和外祖父母，他们对你的爱不曾改变，他们对你的思念也一直未曾减少。想象一下，当你走进他们的家门时，那些亲切的笑容、熟悉的味道，那些老旧的物品，那些关于你的记忆，都会是怎样的一种体验。那些被时间雕刻的墙壁，那些承载着过去的摇椅，都在静静地等待你的归来，等待着重新注入欢声笑语。

而如果你决定留校，那也是一个不错的选择。我们学校每年都会安排丰富多彩的活动，会让你的寒假不至于孤单和无趣。你还可以参加到"寒假留校学生活动"的筹备中，你会有新的体验、结交新的朋友，也许还会有意想不到的收获。重要的是，你要听从内心的声音，做出最适合自己的选择。

不管你的选择是什么，我都会支持你，都会在这里等你分享你的故事。记住，无论你走到哪里，家永远是你温暖的避风港。没有人能够替代你在家中的位置，也没有人能够替代家对你的意义。

我希望我的话能给你带来一些慰藉或启发，也希望无论你身在何处，都能感受到家的温暖。春节快乐！猫头鹰老师向你致以最深切的关怀和最诚挚的祝福。

你的猫头鹰老师

2024 年 1 月 5 日

7

知人者智，自知者明
自我认知与个人成长

发现身边强者愈强、弱者愈弱,怎么破?

来 信

老师:

在大学之前,所有人都在说:先好好学习,别的事情上了大学再说吧。可是进入到大学后,我却感觉到同学们的发展越来越趋于两极分化。举个例子,比如在主持方面本身具有优势的同学,会获得更多机会在更大的场合得到锻炼,而那些仅仅是喜欢主持的同学,因为没有基础,甚至在面试时都没有机会进入主持人团,更别提在一些场合的锻炼了,这样就导致优秀的人在这方面会越来越优秀,而没有基础的同学的热爱会在这一次又一次落差中被磨灭,请问老师是怎么看待这种现象的呢?

回 信

亲爱的同学:

你好。非常欢迎你的来信。

感觉你的目光非常敏锐,观察到了校园里这个现象。读过信之后我的脑海里浮现出"马太效应"这4个字(指强者愈强、弱者愈弱的现象,来自《圣经·新约·马太福音》)。不但校园里是这样,在社会上也存在富裕者更容易赚钱、贫穷者更加贫穷的情形。

关于你的困惑,我先谈以下几点看法:

首先,大学里的这种强者愈强、弱者愈弱的现象,其实还没有到非常严重的地步。学习的机会、提升的机会很多，而且很多机会对所有人都是开放的。拿你说的"主持"这项技能来说，除了在一些大型活动中锻炼自己，还有许多小的锻炼的机会，譬如：精心准备思想政治理论课上的发言、担任朋友聚会小游戏的主持，自告奋勇承担班级活动的主持，参与一些主持类社团或者找一些口才相关的选修课，读一些主持相关网络课程等。

其次，"先发优势"效应不可否认，但"后发优势"效应同样是存在的。你可以从别人成长的历程中吸取经验教训，避免走弯路。譬如别人是怎么一步步锻炼自己的主持才能、是怎么"起于微末"的，你可以学习、复制。也许你走得慢了一步，但是走得更坚实。

另外，要选准自己的赛道，善于做"减法"。一个人毕竟精力有限，除了日常的学习、生活、锻炼，选择少数几个赛道来提升自己就可以了，不一定面面俱到。

我曾在某个平台上看到有人提问：如何克服马太效应？高赞的回答中，有一条是：努力，非常努力。虽然从严谨的逻辑上来说，努力是成功既不充分又不必要的条件，但不可否认，绝大多数人的成功，背后都是坚实的努力。"热爱"也需要"努力"来支撑。

李博

2023 年 10 月 24 日

感觉自己变成虚无主义，失去了前进动力怎么办？

来　信

老师：

您好。我感觉自己从高三开始就慢慢失去了向前的动力，感觉变得越来越虚无主义，越来越认为所有发生的好的坏的事情都有他存在的道理，越来越觉得世界是一个荒谬的世界，我们在死亡之前做的一切似乎没有什么意义。以前我觉得我们有义务去帮助世界上那些受苦的人们，学习工作除了满足私欲更多地应该帮助别人，一直到现在我看到很多描述底层人民的生活视频还是会落泪不止，可是我觉得我实际上变得越来越傲慢、苛责别人、没有耐心，社会达尔文主义的倾向好像才是我真正的想法。但是我自己却失去了努力的动力，我与我曾经对自己做一个真诚、勇敢、宽容的人的期望越来越远，这种矛盾的心理也已经开始影响到我每天的情绪，您可以给我一些建议吗？

回　信

同学：

你好！非常欢迎你的来信。你提了一个非常有深度的问题。我也很欣赏你能够如此坦诚地表达你的感受，这需要很大的勇气。你的信中表达出的困惑和挣扎，我能够理解，这是我们人生中都会面临的挑战。

由于这封信回复起来难度很大，我特意请马克思主义学院的毛惠彬老师提了几点回复建议。以下的回信吸收了毛老师的建议以及我本人的思考，供你参考：

1. 充分认识到成长中"迷茫困惑"的"易发性"

生活中，我们都会有时感到迷茫和困惑，对自我和世界的认知出现疑虑。你现在所经历的这段时期，可能就是你人生中的一个转折点，你正在试图找出自己的价值观和对世界的理解。在青年的成长中，"迷茫困惑"是高度易发的。就在昨天，中共中央举行了纪念毛泽东同志诞辰130周年座谈会。研究毛泽东的成长史会发现，他这样的伟人在青年时期也经历过思想上的迷茫和困惑。他曾经支持过资产阶级革命，也支持过无政府主义，最终才选择了马克思主义。

对于你提到的虚无主义感，我想说的是，世界是复杂的，生活是丰富多彩的，我们每个人都在为理解这个世界而努力。我们的理解和认知会随着经历和年龄的增长而变化，而这并不意味着我们的生活就没有意义。相反，我们的生活充满了可能性和机遇，每一个决定、每一个选择都在塑造我们的生活，都在赋予我们生活的意义。对于你提到的社会达尔文主义的倾向，我认为这可能是你对现实社会的一种批判看法。社会达尔文主义的核心观念是强者生存，弱者淘汰，这种观点往往会引起道德和伦理的争议。我鼓励你保持批判性思考，但同时也要理解每个理论都有其局限性，我们不能简单地将某一种理论套用到所有的情况上。世界是复杂的，人们的行为和决定也是多元化的，我们需要开放的心态去理解和接纳这种多元性。

2．充分认识到"真诚、勇敢、宽容"与"虚伪、怯懦、狭隘"共舞共存的必然性

你提到之所以在高三就开始失去动力，是因为你的期望和现实发生了脱节。你的期望或初心，是成为真诚、勇敢、宽容的人，帮助到受苦受难的人，而现实是世界上存在太多的虚伪、怯懦、狭隘的人和事。现实严重阻止了你的初心实现。

但是辩证法告诉我们，"真诚、勇敢、宽容"是和"虚伪、怯懦、狭隘"共存共舞的。二者是在相比较、相较量中存在的，也是在相比较、相较量中成长、壮大的。如果真诚、勇敢、宽容战胜不了虚伪、怯懦、狭隘，虚伪、怯懦、狭隘就会压倒真诚、勇敢、宽容，让你喘不过气来，让你沮丧甚至绝望，认为世界怎么会这么荒谬，从而被迫（至少暂时）把真诚、勇敢、宽容压到冰山下，只在心底（而不是在行动上）还保留着对底层人们的同情。

辩证法也告诉我们，现实之所以能够存在，就是因为它必然同时是合理的。当作为一个矛盾体的它（任何事物本质上都是一个矛盾体），自己内部的不合理性因素占比压倒合理性因素时，它就必然会变得不合理，变得令人难以忍受，变得不应该再存在下去，变得走向灭亡，荒谬的现实就是自己内部不合理性因素占比压倒合理性因素的存在。当然，如果这个不合理的事物、荒谬的世界就是人，而人又具有主观能动性，这个事物就绝不会甘于立马退出历史舞台，一定会拼命挣扎，不断刷存在感，抵抗并干扰合理事物的出现和壮大。

3．充分认识到与自己"和解""融通"的必要性

要有一个良好的生命状态，与自己和解、融通是非常必要的。从来信中读到你有一些"为己"和"为他"的挣扎。人都是有一些"为己"和"为他"的因素。"为己"是"为他"的前提，自己都养不活，还怎么有力量养活世界？"为己"是"为他"的希望、示范和力量；"为他"是"为己"的放大和升华；"为他"让你看到"为己"的意义和价值，"为他"让你看到我在这个世界上的真正存在和真正力量。因为你和他都是世界的具体存在方式。所以"具体存在"的总和就是"你"也是"他"的世界总和，二者是要"和解""融通"的。

对于你提到的变得越来越傲慢、苛责别人、没有耐心，我认为这可能是你对自己的过于苛责。我们每个人都有自己的优点和缺点，都有自己的长处和短处。我们不能期待自己在所有的方面都做得完美。你可能需要给自己一些空间和时间去接受自己，去接纳自己的不完美。只有当我们接纳自己的不完美，才能真正地去爱自己，去爱他人。对于你提到的"失去了向前的动力"，我认为这可能是你对自己的期望过高，或者给自己的压力过大。我们不能期待自己一直保持在最好的状态，我们每个人都有自己的节奏，都有自己的步伐。你可能需要调整一下自己的期望，让自己有一些空间和时间去放松，去享受生活。你也可以尝试找出那些能够激励你，让你感到兴奋和快乐的事情，让这些事情成为你前进的动力。

4．充分认识到马上从"量变"迎来"质变"的光明性

"郁闷、彷徨、迷惘、犹豫、徘徊"具有令人消沉的力量——

它可能让你失去目标和动力，但它同时具有让人奋起、奋力、奋斗的力量。面对荒谬的现实，这种思想上的徘徊会给你突围并冲出荒谬的力量。在合理事物壮大到明显压倒不合理的事物之前，我们看到的就是这个世界很荒谬，不合理的事物在时时处处逞强逞能。这是合理事物和不合理事物之间的"战略相持"或"僵持"阶段，是黎明前的黑暗，是发生质变前的内卷，是最难熬的时光。

你的苦闷彷徨，说明你的思想正处于"战略相持"阶段。这个时候是人生至暗的时刻，也是人生出现转机的时刻。"危机危机"，机遇就存在于危险之中，一旦条件出现，机就会压倒危，实现胜出，表现为"山重水复疑无路，柳暗花明又一村"。恭喜你！你离黎明和曙光就差最后一公里，就差临门一脚了，虽然完成这最后一公里或实现临门一脚还存在一定难度，但比起你从高三到现在一年多时间的身心煎熬来，已经不算什么大问题了。

只要你继续葆有真诚、勇敢、宽容的初心，葆有希望帮助到受苦受难的人的初心，只要你相信荒谬的现实由于内在的自我否定而日渐穷途末路（虽然它还在喘息狂叫），只要你能看到"为己"和"为他"的内在统一，合理的现实就会诞生，属于你的现实就会来临，希望就在眼前！

生活是一场旅行，我们都在路上。我们不能期待自己一直走在正确的道路上，我们需要有勇气去尝试，去探索，去犯错。只有这样，我们才能真正地成长，才能真正地理解自己，理解这个世界。

李博

2023 年 12 月 27 日

家境不好会不会影响一个人的视野？

来　信

老师：

　　您好，我最近很焦虑周围的人家境不错这件事，感觉她们做什么事都更有底气，她们更能去尝试很多，因为有足够的资本，同时凡事也很敢想。但是我由于自己的家庭还有生活条件所限，没有想过一些更深、更远的事情，所以也为她们的想法感到有些哑然，因为她们的想法像是打开了一个自己从来没想过的世界。我感到自己有些失衡，不知道应该怎样平衡自己的价值观，这让我很不安也很不舒服，觉得自己别别扭扭的，请问老师有什么建议吗？或者您自己是否曾经受过这方面问题的困扰呢（关于原生家庭与价值吧）？

回　信

亲爱的同学：

　　你好。感谢你对老师的信任，坦诚地把你的困惑发过来。你在来信的结尾问我是否有过这方面的困扰，其实我确实有过。而且现在回想起来那种焦虑的心态，都觉得栩栩如生、恍如昨日。

　　有人说男生比女生在心理方面成熟得晚，我挺认同的。你在本科阶段就感受到这种焦虑，我是在硕士快毕业的时候才感受到同样的焦虑。我也来自一个经济状况比较普通的家庭。我父亲是一名乡镇政府职工，后下岗；我母亲是一名小学老师。上了大学之后，我跟身边的同学一起上课、一起去食堂吃差不多的饭，一度觉得大家的生活可能都差不多。没有意识到家庭经济状况给人后续的发展带来的巨大影响。即便发现有的上海同学周末会让家里的司机和保姆送自己、并帮自己换被套，我也把这个当成该生"自理能力差"的笑话。到了硕士阶段我才慢慢意识到，家庭状况的普通确实有可能会让人视野不够宽阔，甚至从心理上觉得"某些追求、某些事物"跟我没有关系。譬如有的同学会把出国留学当成很自然的一条发展道路，而我一直觉得留学这个选择要花很多钱，我不配。

经济状况的普通还意味着要面对一些生活的无奈，譬如毕业后找房子住的时候不得不精打细算到心酸。还有就是要想办法谋生，早些年我用业余时间花了些精力做一些横向项目，赚的钱主要用于补贴房贷什么的。加上 2015 年我父亲生重病需要照顾（我好想他），我有时候觉得生活非常辛苦，觉得有些不公平。有时候甚至偷偷这么想："我那么聪明勤奋的一个人、那么适合思考、适合教育工作，上天为什么给我那么多生活的压力？假如我有优渥的生活条件，把辛苦生活的时间用在研究上，一定会给人类文明增加一些亮色……"

但抱怨归抱怨，回头看看走过的路，又觉得曾经的"挣扎""磨砺"带给自己很多成长：早年为了赚钱而做项目，却意外锻炼了自己的管理能力，让我在面对同舟学堂各项工作的时候心里不犯怵；读书时去新东方担任过兼职老师，周末跑课很辛苦，却在这个过程中认识了不少好朋友，当时我还和俞敏洪先生用内部邮箱通信来着；经历一些难处不但让我性格变得坚韧，也让我更加体会到别人的难处、学生的难处。假如我一直过着养尊处优的生活，那我的许多潜能、斗志都得不到激发，心底里对学生的爱心也很难得到涵养。现在，我已经不太横向比较太多了，因为我觉得我可以活出自己的精彩：做着自己喜欢做的工作、出版了自己想出版的书、跟志同道合的同事们一起做很有意义的事情。对了，我心里还藏着好几个很棒的教育研究计划。

  我的个人感觉是，家庭和生活条件并不是决定你的价值观和未来的唯一因素。我们每个人都是独特的，有着自己的优点和特长。无论你的家庭和生活条件如何，你都可以通过自己的努力和不断学习来提升自己的能力和价值。只要保持着努力和进取的心态，生活会给你意想不到的礼物。另外，大学给了我们许多发展的机会以及与别人链接的可能性，当你遇到自己感到困惑或者不理解的事情时，可以和专家、教授们沟通，相当于你站在他们的肩膀上看世界。

  有一句话老师很想告诉你：坚定朝着正确的方向努力，不断挖掘、发扬自己的长处，你一定会活出精彩、美好的生命！

李博
2023 年 11 月 18 日

一个学科会因为解决了所有问题而陷入困境吗?

来 信

老师:

您好!最近突然想到一个有点幼稚的问题,想问问李博老师的看法。如果说一个学科的目的是为了利用专业知识解决相应问题的话,那么当这个学科发展到一定程度可以解决所有问题时,这个学科还会存续下去吗?或者说当大部分的问题都得到解决时,是不是意味着这个学科陷入了一定的困境?

回 信

同学:

你好!虽然你说自己的提问很幼稚,但是我却不这么认为,甚至觉得问题非常具有哲学味道。

以前有看过一个商业案例:近几十年来许多造扇子的厂子倒闭了,因为人们使用扇子的需求消失了;但是造空调的厂家仍然生意好得很,因为人们的纳凉需求依然存在,而空调高效地解决了人们的纳凉需求。其实现在一些生产工艺品扇子的厂家依然存在(甚至现在我办公桌上还放着一把北京产的文人扇),因为人们的审美需求、文化需求还是存在的。

再回到这个纳凉的问题,这个问题能够一劳永逸的解决吗?显然是不可以的,因为它受到各种因素的制约,人们总想着用最经济最安全的材料、最节能的方式来获得最舒服的纳凉感受。日常的纳凉问题解决了，那还有非日常的纳凉情况，譬如：空间站里的纳凉问题、宇航服里的纳凉问题。我记得有一次听院士的讲座，他说宇航服里也是有小空调的。再比如上次卡塔尔世界杯，那么多足球场地都需要解决高温干燥地区的纳凉问题。再比如像土木工程，它解决的是人们的居住需求、交通需求等，这些都是人类的基本需求，是永远不会消失的。

真理是有绝对性和相对性的。任何学科都不可能达到绝对真理，这就决定了任何学科不可能解决所有问题，所以，不可能停滞不前，停止自己的存续，而是永远有存在和发展的可能。在一次一次科技革命后，我们会看到一些细枝末节的"产业"兴衰，但几乎看不见到有哪个传统学科完全消失的，消失的只是被实践或实验证明不再成立的某些"原理"或"定量定理"。

世界无边无际，永远运动变化，并发生无穷无尽的联系；实践没有止境，认识没有止境，学科的发展没有止境，不可能达到绝对真理本身。所以我们要有对所学学科的充分自信，因为一个学科之所以永续存在，就是因为它包含着或多或少绝对真理的颗粒，这是绝对的；同时也应该清醒地看到，学科达到的还是具有相对性的真理，始终存在着发展创新的空间。这就是我们每一位学习该学科的同学未来发展的广阔空间，这也是我们每一位学习该学科的同学追求职业追求的价值所在。

祝贺你能从简单的学科学习问题中升华出初步的学科或科学哲学思考。欢迎来信进一步探讨！

李博

2023 年 9 月 10 日

入职二本高校辅导员，忙碌疲惫心力交瘁怎么办？

来　信

李老师：

您好！我是一名同济毕业生，以前通过师兄师姐认识您。去年硕士毕业后，我在一个二本高校担任辅导员。我个人是非常喜欢学生工作的，在本科、硕士期间担任过班长、支部的支委等职务，参与并组织过一些学生活动。但是自从正式入职之后，感觉工作特别忙、特别疲惫，说"心力交瘁"也不夸张。

一方面自己带几个班的学生，刚入大学的学生在适应阶段非常需要辅导员，动不动有事就联系老师，这也属于正常。主要是上级的要求越来越高、工作越来越密，各种主题活动也比较多。有时候搞了活动、开了会、做个谈话，还要各种记录、留痕、做报表、填上级督办事情的进度等，感觉做这些形式主义的事情，空耗时间没有什么成就感。前几天看到新闻，"河南女教师留遗书去世"，说是工作太忙，像牢笼一样。看到这样的事情我很为她感到惋惜，其实从内心也能理解这位女老师的困境。

我感觉自己现在也面临较大的心理压力，有些怀疑自己是不是选错了工作，所以写信给您。不知道您在刚参加工作的时候，有没有遇到过这种困惑、有没有怀疑过自己的工作。当然写这个信，更想听听您对这个困境的破解之道。谢谢李老师！

回　信

亲爱的校友、学工战线的同事：

你好！非常感谢你的来信，更要感谢你对我的信任。

我非常理解你现在的困惑和压力，刚刚踏入工作岗位的时候遇到困难和挑战，可能是每个人都会经历的过程，我也不例外。我刚留校从事学生工作时，曾充满"得天下英才而教育之"的热情，准备在思政工作中大显身手。可由于我一开始做的是"资助工作"，这个工作的"事务性"比较强，所以感觉自己的工作跟"育英才"的预期还是有不少差距的，也产生过失落。

那时候我每个月要给学生发勤工助学金（我至今还记得当时我们学校的勤工助学酬金是8元/小时，后来涨到11元/小时），每月要花许多时间整理各个单位报过来的报表，这些工作让我觉得真是"头大"。另外我还要管理几个勤工助学团队，之后我还陆续从事过助学金、助学贷款等工作。尽管"资助工作"是一份极其重要的工作，但当时我觉得做这个工作没有什么成就感，甚至认为一个没有专业证书的财务也可以胜任学生资助工作。于是我开始怀疑自己的职业选择，甚至也开始怀疑自己的能力。但后来我慢慢开始明白，每一份工作都有其特殊的意义。资助工作虽然看似琐碎，但它帮助了需要帮助的学生，让他们有机会接受更好的教育，且后来我意识到应该在"资助"中加入"育人"的元素，就感觉工作越来越有意义了，甚至觉得这是一份特别好的事业。再后来我从事过网络思政工作，后面也直接到学院带学生，在每个阶段都经历过"抓狂"和"心力交瘁"的阶段，但也算是"螺旋式上升",跌跌撞撞中总归是成长了。

关于你提出的"破解之道",我冒昧提几点小小的建议:

1. 善于整合资源,节约工作时间。我们每学期、每月、每周可能都会接到上级的任务,好多都是"必选题",比如你所说的各种主题教育、各种活动等。其实有不少活动、教育可以拼在一起举行,如主题教育团课可以和入党启蒙教育一起举办,班会可以和网络素质教育、安全教育、诚信教育一起举办。这样既可以达到教育学生的目的,又可以节省重复组织活动的时间和精力。

2. 调动多支队伍,善于"三全育人"。辅导员在开展思想政治工作的过程中,在许多活动中都要起到"牵头"作用,但并不意味着辅导员要单打独斗。我们应该有"三全育人"的概念,善于调动多支队伍开展教育、管理、服务工作。比如我们新生院同舟学堂经常请关工委的老师开展入党启蒙、团员教育、学生关怀等工作;学堂也会邀请校外的专家给学生开展生涯教育;另外学堂还成立了"学长学姐联盟",让优秀学长学姐给新生分享经验,老生带新生。调动多支队伍参与育人不仅可以帮助学生更好地成长,也可以锻炼辅导员的组织、协调、领导能力。

3. 寻找亮点难点,善于深入挖掘。从日常的思政工作中找一些亮点进行"升级改造",或者是找一些难点开展理论研究,都可以让工作更加专业、更有深度,也能够让自己从工作中得到更多成长。还记得我前文中提到的资助工作吗?后来我觉得可以开展"资助育人"方面的研究,尤其是可以深入研究一下"学生发展型资助"（不光在经济上资助学生，还要注重学生能力素质的提升）。关于这个课题的研究让我有了一点点成果，并使我重新找到了工作的乐趣和成就感。

4. 时常观照初心，从初心的满足中寻找动力。辅导员的初心是帮助学生健康成长，时常观照这个初心，可以让我们增加许多战胜困难的勇气。另外我们还可以从初心的满足中获得自己工作的动力。譬如看到受心理困扰的学生放下了思想包袱，一天比一天状态好，做老师的心里也会特别有满足感。

由于我本人也算不上"资深"，所以以上建议仅供参考。每个人都有自己的节奏，不要太过于强求自己。工作是一场马拉松，而不是短跑，我们需要学会调整自己的节奏，找到适合自己的工作方式。同时也要学会照顾好自己，关注自己的心理健康，及时寻求帮助。希望我的建议能够对你有所帮助，也希望你能够早日走出困境。

同时非常欢迎你继续来信！不知道你有没有我的微信？可以在微信的后台联系我一下。下次回同济的时候记得来找我，我们在美丽的同济校园里细细探讨。

李博
2023 年 11 月 10 日

老师,请问学习真正的意义在哪里?

来　信

老师:

请问学习的真正意义是什么呢?如果没有热爱,那还能剩下的是什么?

回　信

同学:

你好!欢迎你的来信。也感谢你提了一个很难的问题,让我思考良久。学习的意义在哪里?可能有很多。首先,有些时候学习本身可以带给人快乐。记得高中学习数学的时候,数学老师告诉我们"四叶玫瑰线"真的很美;另外一些人会觉得语文、英语的语言很美,语言背后的文化、历史更是引人入胜;有的学生喜欢理论推导的逻辑性,而有的学生觉得做实验很快乐,很享受"动手探索"的过程。而探究性的学习更会给人以"高峰体验",譬如发现DNA双螺旋结构的科学家,肯定会被生命内在的美而震撼。

除了学习带来的快乐,学习还可以帮助你拓宽视野、增强文化素养、提升个人认知。通过学习你可以了解到不同领域、不同文化圈和不同国家的知识和信息,这可以帮助你更好地理解这个世界;通过学习你可以发现自己的优点和不足,更好地了解自己,提高自己的自信心和自尊心;通过学习你还可以实现自己的学业目标,获取自己想要的成就和荣誉,实现自我价值和成就感。

除了"学习之美""拓展视野""增强自信"等，学习对个人而言也有一些"功利性意义"。通过学习你拿到了毕业证书、学位证书，这无疑为你将来的职业发展奠定了基础。你可以通过学习获取知识和技能，帮助你在工作中更好地表现，使你在未来的职业生涯中更有竞争力，实现个人和职业发展目标。在社会学意义上，有许多人的"阶层跃升"也是通过学习来完成的。譬如农民的孩子通过刻苦学习"脱离农门""走出小镇""扎根城市"，最后也许会成为社会管理者。

接着上面的"职业发展"话题，引申出学习对整个社会的一个意义就是：可以塑造一批给社会以正面的影响的人群。社会需要大量的建设者（当然做得好了也会成为"接班人"），工程师、医生、教师、技工等。而这些岗位上的人员都需要学习、培训、教育才能上岗。

当然，如果你没有对学习感到热爱，你可能会觉得学习是一件很无趣的事情。但是，如果你能够找到自己学习的动力和意义，那么你就有可能发现学习的快乐和成就感，从而真正地享受学习的过程。

先简单谈那么多，不当之处请批评！希望能和你继续交流。"路漫漫其修远兮，吾将上下而求索"，希望从今天开始，你能探索到更多"学习的意义"。

李博

2023 年 12 月 29 日

软科把同济排到第17，心理极度不平衡，怎么办？

来　信

老师：

您好，昨天全国大学软科排名出来了，同济排第17位，我心里极度不平衡。我看到华科、武大、西交依次为8、9、10名。我想问一下为什么同济高考录取分数线和华科差不多，录取分数远超西交，排名还这么靠后呢？我甚至有些为同济打抱不平，进入同济，一直都在听到我们学校各种老师说我们如何如何强，我也确实这么认为，眼见为实。但为什么软科排名是17呢？可能我的想法还比较幼稚，眼界不广，但还是想不明白这是为什么。烦请老师解答。谢谢！

回　信

亲爱的同学：

你好！非常欢迎你的来信！你的来信认真又可爱，字里行间流露出对学校的关心。看到你对学校的热爱和排名的关注，我觉得这是"同舟共济"精神的最好体现！大学排名的确能引起广泛的关注，我理解你对最近软科排名结果的困惑和不平感。让我们一起探讨这个话题，希望能为你提供一些新的视角。

首先，大学排名是衡量大学综合实力和声誉的一种方式，但它并非无懈可击。除了软科排名，我们还可以参考其他排名体系，比如"QS世界大学排名"。在2023年的QS排名中，同济大学在中国大陆的排名高达第九。这一位次反映了我们在国际上的影响力和学术认可度。你提到的华科、武大等高校排名在我们之前，这确实是事实，但每个排名体系有其独特的评价标准和侧重点。有的可能更注重研究成果和引用率，有的可能侧重于师资力量和学术声誉。同济大学在工程学、建筑学和城市规划等领域享有极高的声誉，这些都是我们学校的强项。然而，排名并不能全面反映一个大学的所有优势和特色。

这里我想引出另外一个重要的观点：让排名为我们服务，而不是我们为排名服务。排名可以为我们提供一个外部视角，帮助我们识别在某些领域可能存在的不足。通过这种方式，我们可以明确未来努力的方向，不断提升和完善自己。例如，如果某个排名指出我们的国际合作或科研成果有待加强，那么这就是我们可以集中资源和努力的地方。同时，我也想和你分享一种更宽广的视角来看待教育和成长。大学教育不仅仅是关于知识的学习，更多的是关于如何成为一个独立思考、具备解决复杂问题能力的人。同济大学以其独特的教育方式和学术氛围，培养了无数优秀的校友。这些校友在各自的领域发光发热，为社会做出了重大贡献。因此，尽管排名给我们提供了一个参考，但它不是评价一所大学最终价值和学生价值的唯一或决定性标准。

来信中你说"心理极度不平衡"，如果是别的来信，我都会劝同学们尽量心理平衡一些。但面对你的来信我想说："咱们都保持一点这种可爱的不平衡吧！"在一日千里的时代，太"佛系"、心理"太平衡"的人怎么能征战四方、奋勇争先呢？你我和所有同济人大有可为，我们有责任也有能力共同努力，为我们的母校添砖加瓦。无论是在学术研究中争取更高的成就，还是在各自的专业实践中展现同济精神，我们都能为同济大学的明天做出贡献。就像我坚持做"猫头鹰信箱"这个小小的平台，除了自己确实喜欢和同学们交流，总归也有一些"理想"的成分在。这个"理想"就是：万一这个"猫头鹰"平台可以为学生的发展、学校的发展（包括排名的进步，哈哈哈）做一点点贡献呢？而你作为同济的一员，也已经在这条道路上迈出了坚实的步伐。作为学校一名普通的工作人员，我切身感到同济大学有一种努力奋发的氛围。平时在逸夫楼办公的时候，我经常看到校领导办公室深夜的灯光，看到精明强干的中层干部在楼里出入，更看到敬业爱生的老师们，以及力争上游、生机勃发的同学们。这一切都让我对同济大学的发展充满了信心！

希望我的回答能为你带来一点点安慰和启发。请继续保持对学习的热情和对未知的好奇，用开放的心态探索这个多彩的世界。让我们一起努力，不负这个生龙活虎、气象万千的新时代！

另外，猫头鹰工作室设计了一款"同舟共济款"明信片，欢迎你来找我领取明信片！小小的明信片也凝聚了我的祝福，祝你学业进步，心情愉快！

李博
2024 年 4 月 23 日

给毕业后"蹉跎三年"学生的回信

来　信

老师：

您好！抱歉晚上打扰。我是一名已经毕业三年的文科女生，回想起这几年的经历，可谓一言难尽。在大学期间我曾被诊断患有抑郁症，时好时坏的状况和断断续续的就诊服药，让我的大学生活灰蒙蒙的。这种情况也影响了我的学习，我的学位证是在正常毕业时间一年后拿到的。

毕业后我曾在南方某大城市找了一个工作，我也非常珍惜，但是稍微有一点压力之后我的精神状况就变差了。有一天晚上甚至出现了幻觉而惊恐万分，彻夜缩在床的一角不敢动弹。从这之后我回到了家乡休养。我来自一个单亲家庭，从小跟母亲长大。回家后，在妈妈的照顾下我开始啃老的生活，后来她用她这些年做保洁攒下的钱开了一个小花店，我们一起照顾花店。虽然身体时好时坏，但总体不断恢复。我喜欢文字，有时候还会在论坛上写小说，开始有一点小小的粉丝。

身体和精神状态在变好，可我毕竟蹉跎三年，觉得自己很弱小，未来一片迷茫。很想跟您说说话，听听您的建议。

回　信

亲爱的同学：

你好！非常感谢你在夜晚写信给我。阅读你的来信，我感受到你内心的真诚和勇气,愿意分享你的故事,这本身就是一种力量。

首先,我想告诉你,你并不弱小。你和你的妈妈,你们都是生活的勇士。在面对生活的种种困难时,你们展现出了非凡的坚韧和勇气。单亲家庭的成长环境、抑郁症的反复折磨、独自面对大城市生活的挑战,这些经历没有将你击倒,反而让你在困境中不断寻找希望和出路。你能够相对平静地面对这些困境,并且愿意分享你的经历,这是非常了不起的。

其次,我想谈谈"啃老"这个词,你不需要为此感到内疚。一个生病的人,不应该因为得到家人的照顾而感到愧疚。每个人在生命的某个阶段都可能需要别人的帮助,尤其是在身心需要恢复的时候。你的妈妈用她无私的爱和支持,为你提供了一个温暖的港湾,这是最纯粹的亲情,也是你重新找回力量的源泉之一。你们之间的相互扶持和关爱,正是生活中最宝贵的财富。你的妈妈也是一个坚强的人,她为你付出了很多,这不仅是一种责任,更是她对你深深的爱。

再次,关于你提到的"蹉跎",我感觉这对一个文科生来说未必是坏事。这段时间让你有更多的机会去观察生活,去感受人情冷暖,去思考人生的意义。这种深刻的体悟,反而会让你的文字更具力量和深度。你在论坛上写的小说开始有了小小的粉丝,这本身就是对你才华的认可和鼓励。文科生的成长需要时间和阅历,而你经历的这些,都在悄然丰富着你的内心世界,为你的创作积累了宝贵的素材。

在这个过程中，不必着急。在等待中慢慢探索，找到真正适合自己的方向。你已经展现出了对文字的热爱，这是一条值得继续追求的道路。花店的经营让你接触到了自然的美好，也是一种独特的生活体验。你走过的每一步，都在为你的未来积累经验和智慧。未来的路也许还会有曲折，但每一个小小的进步，都是你向前迈出的坚实步伐。

　　我深信，只要你保持耐心和毅力，继续追求自己的热爱和梦想，你一定会迎来更加美好的明天。希望你能感受到我的鼓励和爱心，相信自己，相信未来，你一定能够找到属于自己的幸福和成就。

　　最后，匆忙中先回复你这封信。我会继续与你保持联系，猫头鹰工作室的其他老师也会为你提供支持和建议。如果你有任何困惑或需要讨论的地方，可以随时写信给猫头鹰信箱。祝你身心健康，未来美好。

李博
2024 年 6 月 3 日

10条鲤鱼只有1条能飞跃龙门,剩下的9条该怎么办?

来 信

老师:

我们最近要选专业了,因为绩点不高,我去不了最想去的专业。问了其他老师一些关于别的专业的问题,老师会说:"我们同济的这几个专业就业都很好的。"但问了学姐学长们,得到的答案也不一。现在真的感觉心里很难受,老师总说这好那好,但事实根本不是这样,有些专业就业面窄、薪资低还很累。高考之前,感觉考上985就很好了;但上了大学后,专业选择又成了大问题。我有时候在想,既然同学们都不愿意去这个专业,那学校为什么要开设这个专业呢?当然,各行各业都有精英,可是10条鲤鱼里也只有1条能飞跃龙门,剩下的9条该怎么办呢?老师总告诉我们选自己感兴趣的,可感兴趣也不一定能做到最好,如果只是一个平平无奇的学生,能力没有那么强,对社会的贡献值也不大……唉,感觉自己像穿了孔乙己的长衫,老师,我该怎么走出来?

回 信

同学:

你好!非常欢迎你的来信。感觉你的来信非常真诚。虽然你在题目上说的是"生活到底怎么过"。其实最根本的问题是:人生到底怎么过？这是一个很难的问题。甚至在收到来信的时候，我也在焦虑自己的工作和生活。我也曾试图想过，经过一段时间的"急行军"——非常努力地奋斗，让生活、事业的状态达到一个理想的状态，后面再也不用为工作生活而忧虑、焦躁，那样该有多好。我从读本科时就这么想，但是一直到现在，仍然心里每天装着不少的焦灼。本科的时候我也不喜欢自己的专业，本科前两三年的生活就像天天有石头压在心里。当时就想着：我要是读研的时候能考一个自己喜欢的专业就好了，那时候肯定所有心理包袱就放下了，我就像"龙归大海"一样，全新全意遨游在知识的海洋。读研的时候想，我要是能赶紧发篇论文就好了，就不用心里想着这事儿，一心一意去学习。发了论文又想，赶紧把毕业论文写好就好了，专心去找工作……

人生就是这样，好像需要越过无数的关卡。也许我们的人生，就像推石头的西西弗那样：今天把石头推上去，夜里石头滚下来，第二天我们拖着疲惫的身躯再去推……毛不易的歌里面说："像我这样优秀的人，本该灿烂过一生。怎么二十多年到头来，还在人海里浮沉……"说的可能就是我们这样的心态。过了龙门的鲤鱼，仍然有无数条鲤鱼比自己优秀，就像有人说的："哪怕你是万里挑一的天才，这样的天才在中国也有十四万个。"

但"无比的优秀"并不是我们生活幸福的必要条件，也不是充分条件。即便我们有些平凡，也可以有自己的快乐、幸福。也许我们终其一生也不能纵横万里，但也许在生活的某个时段，我们可以为家人遮风挡雨。也许自己不是很优秀，但是我们努力变得比昨天好，那也很不错。可能我们的工作没有那么"显赫"（就像我），但现在偶尔有同学给我写信，让我感觉到自己的工作也许能帮助到别人，我就觉得非常有成就感了。

关关难过关关过，"升级打怪"就是我们的人生。接下来你面对的这个"升级打怪"，就是专业方面的问题。希望你专门再来信说一下你具体的专业问题，我们再一起思考。"升级打怪"虽难，但在这个过程中，我们还有亲情、爱情、友情相伴，这也是不错的人生。孔乙己的悲剧在于他无法认清自己的处境，无法适应社会的变化。而你能够意识到这些问题，正是你能够超越孔乙己的关键。你有了反思的意识，有了对未来的思考，这就是你走出困境的第一步。

志之所趋，无远弗届，穷山距海，不能限也。抱歉我没有给你提供答案，但希望我的回信能给你带来一些启发和安慰。如果你有更多的问题或需要进一步的交流，欢迎随时通过邮箱联系我。我会尽我所能，陪伴你走过这段迷茫的时光。

李博

2024 年 7 月 25 日

一贫如洗的 24 岁，拔剑四顾心茫然

来　信

猫头鹰老师：

您好。又给您寄信，是因为自己现在感觉很茫然。我很想要成功，很想要赚钱，很想要功成名就后改善自己的家庭，但是自己目前的身体，加上自己的现状和自己手头的工作，好像并不能支撑得起自己改变。自己现在想要的太多，欲望很大，自己的内心变得茫然，看不清楚未来，看不清楚自己的方向，拔剑四顾心茫然。我现在 24 岁，但是我却很不喜欢自己的 24 岁。一贫如洗的 24 岁，什么都没有，还每天茫然无措，不知未来如何发展。每天打开手机，面对世界的风云变幻，捉摸不透，看不清未来，自己甚至有点退缩，想直接回老家躺平多好，每天种种地，无忧无虑。我不知道自己该怎么办，怎样才能让自己更坚定些，不这么茫然？

回　信

亲爱的同学：

你好！非常欢迎你的来信，也非常感谢你的信任。天色已晚，我就先回复你一下。想到哪里说到哪里，仅供你参考。

行路难，行路难，多歧路，今安在？从你的来信可以看出，你应该是农村来的，在城市读了大学之后又在城市工作。对于你来说能够在城市工作、能够稳定下来，就已经取得阶段性成

功了。

你渴望成功、渴望改善家庭状况，这种动力是值得尊敬的。有些事情可以有心去想、去设计、去规划，比如说赚钱、做大事、改善自己的家庭状况等，这些都是很好的想法，但不要因为这个而有压力。你的 24 岁一贫如洗，我的 24 岁同样一贫如洗。不过不同的是我 24 岁的时候在读研究生，还在校园里生活。还没有太多的"一贫如洗"的感觉，何况我读研的时候，就业形势也没有现在这么严峻，所以你的 24 岁其实比我的 24 岁承担了更大的压力。我也很早就有赚钱改善自己家庭状况的想法，但我留校工作之后生活并不富裕，一直到 30 岁的时候经济状况才略有改善。我第一次给家人做经济贡献，是在我 31 岁的时候为我父母的房子装上一台空调。其实刚装上空调没多久、父母没用上几天，我父亲就生大病，我们就把他接到上海来治疗了。还好，那个时候我的经济状况已经能够稍微为父亲治病分担一些开销。

在一个竞争高度激烈，社会高度内卷的时代，我能为你的职业发展设想的其实就是：在一个非常小的但有用的领域成为顶尖，在一个非常细分的领域做成精英。这样牵一发而动全身，带动你整个人的进步与成长。甚至有一天，这种成长和进步可以进一步转变成你为国家和民族所做的贡献。当然"坚持"并不是在某个工作岗位、某个城市的"死守"，选择很多地方奋斗都会大有作为。有几位我以前带过的学生，在上海工作几年后，分别去了山东济南、四川成都、广东中山，目前都发展很好。

目前你还面临着身体不好的问题，不知道这个情况是否严重。不管怎么样，身体是一个人奋斗的本钱。如果有什么困难也可以发邮件过来跟我说，我们一起想办法。

你提到每天打开手机，看到世界的风云变幻，感到无所适从。我建议你减少对外界信息的过度关注，尤其是那些带来负面情绪的信息。适当的信息摄取是必要的，但过度的信息可能会让你更加迷茫。专注于你能控制和改变的事情，而不是被外界的不确定性所困扰。我建议你再给我写一封信，告诉我你现在的职业是什么，你之前的专业是什么。也许我们可以对症下药，共同探索你事业发展的方向。

24岁只是人生的开始，你还有很多时间去探索、尝试和奋斗。不要因为一时的困境而放弃，请务必相信自己。要相信，通过努力和坚持，你一定能够找到属于自己的方向、实现自己的梦想。希望我的回信能给你带来一些启示和力量。如果你有更多的问题或需要进一步的交流，欢迎随时通过邮件联系我。我会尽我所能，陪伴你走过这段迷茫的时光。

祝你未来的道路充满希望和光明。

你的猫头鹰伙伴
2024年7月29日

已达保研目标，要不要克服"休息羞耻"放心去玩一下？

来　信

李老师：

　　您好，我想请问您如何看待"休息羞耻"这件事？我是一名大三的学生，已经基本达到了保研目标，近一个月都在家里躺平。而且由于所选择的项目，我并不需要在大四提前进组。想到大四还有一整年几乎完全闲暇的时光，按道理来说我没有任何必要去强迫自己这一年有什么大的进展，但是我不敢放心去玩，总有很强的愧疚感。所以如何区分我是在"休息"还是"自暴自弃"呢？

回　信

亲爱的同学：

　　你好！非常欢迎你的来信。首先祝贺你在学业上取得的卓越成就。你通过几年的不懈努力，终于换来了如今可以保研的阶段性成果，这是你勤奋与智慧的结晶。你完全有理由为自己感到自豪！

　　关于你提到的"休息羞耻"问题，这确实是许多优秀学生在取得阶段性胜利后常常会面对的困惑或纠结：既想放松一下自己，又担心放松的负面影响——自暴自弃——害了自己；既想继续保持过去的努力状态，又心有不甘，因为下一个奋斗目标——读研——已经和过去不同,保持过去奋斗状态的动力已经严重衰减。

就像你说的,如何区分休息与自暴自弃,是一个需要认真探讨的问题。休息是为了恢复体力和精神,以便更好地迎接新的挑战和目标。适当的休息能够提高工作效率和学习效果,使我们在面对新的任务时更加游刃有余。因此,休息不仅是必要的,也是非常有益的。然而,自暴自弃则是另一回事。自暴自弃是一种放弃目标、放弃自我要求的行为,通常表现为对时间的浪费和对生活的无所作为。它没有明确的目标感和方向,导致的是一种对自我潜力的消耗和对未来机会的忽视。

所以从休息本意上来讲,本就不应该存在"休息羞耻"的概念,要说"羞耻"也只能是"躺平羞耻"。经历过一段时间的艰苦劳作,人肯定需要休息。不仅要休息,还要学会正确休息。要学会在休息时真正地放松以及和工作、学习的隔离,也要祛除不断盘算"to do list"的内心焦虑。另外,人们容易把休息想成无所事事,比如长时间的刷剧、打游戏。但真正恢复身心的休息,是做内心热爱之事,会带来心理的满足。所以休息完全可以是有目标的、有计划的。今后,当我们身处巨大压力之下、身体出现不适的情况下,无论手上的事情看起来多么重要,也必须学会给自己留一点休息的时间。只有在身心放松、状态恢复的情况下,才能更有效率地完成任务,保持持久的健康与活力。所以,休息并不是懒惰,而是为了更好地前行。

休息可以有,但目标不可忘,长时间躺平亦不可取。在享受休息时,也请保持清醒的头脑,不要让自己陷入长时间躺平的状态。你可以制定一个合理的计划，既包括适当的休息，也包括对未来的规划和准备。要保持健康规律的生活，不可懈怠或养成浪费时间的习惯。在你目前的阶段，大四的时间虽然相对宽裕，但并非完全闲暇。你仍然有课程和毕业设计需要完成，这些都不能马虎。毕业设计的质量甚至会直接影响到你的保研资格。因此，休息固然重要，但绝不能放弃对自己目标的坚持。

利用这一段相对宽裕的时间，你可以考虑进行一些长期且重要的事情。这将为你未来的学术和职业发展打下坚实的基础。由于你先前的生活主题始终是"学校学习＋各种考试"，现在则可以尝试差异性更大一些的放松生活，比如参加支教、志愿者活动等社会实践，大幅度转换一下自己的角色和场景，这样既可以达到放松自己的目的，也可以提前接触了解一些国情，为今后的发展积蓄内在动力。还有，你可以考虑继续提升自己的外语水平。在全球化的今天，外语能力不可或缺。如果你有机会参加海外学术交流，良好的外语水平将使你得到更大的收获。你可以利用这一年的时间，系统地提升外语能力，尤其是提升听说读写的能力。再比如说，你可以多阅读学术文献。提前阅读与你研究领域相关的文献不仅能够扩展你的知识面，还能为你未来的研究提供丰富的素材。阅读文献不仅是了解前人的研究成果，也是寻找自己研究方向和问题的过程。你可以制订一个阅读计划，每周或每月阅读一定数量的文献，并做详细的笔记和总结。人生的每一个阶段都有其独特的价值和意义，善加利用每一个阶段的时间和机会，才能不断成就更好的自己。

亚里士多德曾提到,哲学与科学的诞生需要三个条件:惊异、闲暇和自由。在你如今拥有闲暇和自由的宝贵时光里,我希望你能够珍惜这段时间,探索未知、激发好奇心,培养自己的思辨能力和创新精神。这不仅是个人成长的重要时期,更是为未来的学术和事业打下坚实基础的良机。愿你在这段时光中,收获智慧与成长,为更美好的未来做好准备。

李博

2024 年 8 月 8 日

如何于奔赴的洪流之中守住自己想要的宁静?

来　信

老师:

　　您好!感谢您于百忙之中抽出时间来查看我的邮件,如果能得到回复我会非常感激的!

　　我的烦恼是:如何于奔赴的洪流之中守住自己想要的宁静。

　　我可以说是一名"小镇做题家",考到同济的动力不是源于我的内部,而是因为这是我父亲的希望。他因成绩不错,走出农村来到城市,通过成绩实现了翻身,所以他希望我也通过成绩再次翻身,让我去实现他觉得很好、很值得羡慕与夸赞的东西。但实际上我并不想要,我明确知道自己的兴趣爱好,知道如何让自己开心,知道自己其实对生活物质要求不高,我就是想要简单的工作能养活自己,然后下班后做自己的兴趣爱好——虽然这已经是我妥协无数次之后的结果了,但即便是这样好像也不能被接受。

　　小时候成绩不好,他们会用实际行动告诉我:成绩不好的人在我家什么都没有,你现在拥有的一切,得到的所有关心与爱,都是来源于你的成绩。这也让中学的我无数次内耗,我必须要得到以及前往最好的。我为了成绩痛苦万分,摒弃一切会打扰我学习的东西(即便那是我很喜欢的)。我曾和密友断交,因为一个人学习效率更高。我吃饭走路也在看书,我看着窗外想像着青春会有多美,而后清楚地知道那并不属于我,然后走向让我心如死水的一切。

我并非没跟我的父亲谈过，但他像石板上的铁律，我无法撼动他分毫。我已然为了学习丢弃了我太多喜爱的东西，感觉已经是贫瘠无趣的。但典型的亚洲父母就是这样——他们给你的爱没能让你肆意成长，却也没能让你狠下心来敌对他们。他们也为我做过很多，这也是每一次学业方面的对峙都是以我的退步来收场的原因。

他的眼中看见的是，我最后取得了比较好的成绩，他开心且有面子。因此他觉得是双赢，但是他从来不管我一次次哭得泪流满面。

最终我还是因为心态原因发挥失常。来到了大学，本来我想也许我可以解放了，这里没有那么多成绩单，我只要平稳读书就可以了。我找到了自己的原生问题，慢慢治愈自己，我很好运，结交了很多好友，我喜欢花草喜欢猫狗，喜欢窗口看书的平静，喜欢学习本身，我想让自己拥有在烂泥潭里都能开怀大笑的能力。

我明确知道自己想要的生活，只是所有人都在告诉我不该这样，告诉我该追名逐利，该去搞科研写论文，告诉我该把握时间去超越别人，告诉我竞争，告诉我优胜劣汰，告诉我"你迟早会后悔"。

这到底是谁的愿望？一定不是我的，但显然是我的父亲的，他又给了我更高的目标，老师也给了全部人更高的目标，怎会是个非死则生的选择？我感觉被洪流裹挟前进，这一切就这么重要吗?"人上人"就这么重要吗?我又在奋斗着谁的愿望?

我想去的工作场所永远被否定,一定要是累死累活但是有面子的才会被我的父亲肯定,可我已经累到不想再反驳他了。像是我知道墙角有一朵让我看一眼就能开心的花,但我知道我没有这个资格于奔赴中抽出时间去看它一眼。我知道我想要的就在那里,可我近乎都要相信自己永远也得不到我想要的了。

感谢您拨冗阅读我的来信,如果能得到回复我会非常感谢!

回　信

同学:

你好。非常欢迎你的来信!在你细腻且充满力量的文字中,我看到了一个对自己有着深刻理解和认知的人。你的文笔不仅流畅,更透露出你对生活的独到见解和深思熟虑的态度。你很努力地在理解自我,并试图在人生的道路上找到自己的位置。这种勇气和决心,让人感到敬佩。在这里,我先谈一点感想供你参考:

记得2020年1月份,我去了日本旅行,旅途中的一站是参观北海道札幌市的"渡边淳一文学馆"。在那里我学到了一个词:"钝感力"。这个概念就是由渡边淳一提出,意指在面对生活中的压力和不必要的干扰时,能够适度地选择性忽略,保持心理的平衡和稳定。在你的信中,我感受到了你的敏感和深思,这是一种宝贵的品质,让你能够更深入地理解周围的世界和你自己的感受。然而,在生活中,我们有时也需要这种被称为"钝感力"的能力。

培养"钝感力"并不意味着变得冷漠或无情,而是一种保护自己的机制,让自己不被那些无关紧要的负面情绪所左右。例如,当面对家庭的期望和社会的压力时,你可以学会辨识哪些是真正重要的,值得你投入时间和精力的,而哪些则可能是暂时的、不必过分纠结的。

你的来信中涉及许多深层次的内容,接到信之后我特意和我的导师毛惠彬老师进行探讨。以下思想性的内容主要来自毛老师的贡献,由我进行整理,疏漏之处还请指出:

1. "继续卷,才会有更好的生活"的价值观是如何形成的?

"继续卷,才会有更好的生活",已经几乎成了今天社会的主流价值观。主流价值观是意识形态的核心。意识形态在社会经济基础之上一旦形成,就成了一种客观社会存在,不以任何人的意志为转移,你我都不能自由选择(至少不能完全自由选择)。即个人做出与社会主流选择以外的选择,必然会遇到巨大阻力、重重困难和莫测挑战(包括父母亲的劝阻),并付出巨大代价。这是社会存在对人的意识和行动的直接制约作用,正如马克思主义所强调的,"不是人们的意识决定人们的存在,相反,是人们的社会存在决定人们的意识。"[1]。当然,这并不是说个人的独立选择没有任何成功的可能,只是成功的概率很低很低。

父母也是这个社会中人,不可能轻易超出这个社会的限制。所以他们要求我们走他们成功的路或他们根据社会主流价值观得

---

[1] 中共中央马克思恩格斯列宁斯大林编译局. 马克思恩格斯文集(第2卷)[M]. 北京:人民出版社,2009:591.

出的看法——不断向更有名的大学、更高的文凭去"卷"。他们只是主流价值观的体现者,而不是决定者。他们的个人力量难以改变社会的主流价值观。因为支撑社会主流价值观的经济基础或基本经济制度,即社会生产力,是客观的,也是个人难以改变的。

所以当我们怪父母的观念和做法老套、过时、不开窍时,我们是不是反过来想过:我们的父母是不是跟我们一样,也有主观能动性呢?有主观能动性的父母,难道就愿意完全匍匐在现有社会存在或社会分工体系(由现有生产力水平和经济基础状况决定)的脚下吗?他们就不曾有过不同于社会多数人的价值选择和梦想吗?他们劝我们不要和社会多数人的价值选择对着干,难道不是因为他们比我们先感到和看到,这种对着干往往是得不偿失的吗?难道不是因为他们仍然看到个人独立选择的社会制约状况至今还没有发生根本改变吗?他们的善意不仅仅是善意,更多是出于对个人独立选择的空间实在不多的现实的接受。

所以,要怪的话,也怪不到父母头上,要怪也只能怪我们还处于市场经济的历史发展阶段。问题是市场经济的充分发展是中国社会主义经济发展不可逾越的阶段,问题是我们中国并没有经历过市场经济充分发展的历史阶段。马克思主义唯物主义告诉我们,一切必须从实际出发,从社会主义市场经济实际出发,一切超越实际、超越社会主义市场经济实际的想法和做法,必然是空想和失败。

2.为什么我们今天的选择仍然举步维艰,很难心想事成?

其根本是因为我们仍然处于社会分工的这样一个历史阶段："社会活动的这种固定化，我们本身的产物聚合为一种统治我们、不受我们控制、使我们的愿望不能实现并使我们的打算落空的物质力量，这是迄今为止历史发展的主要因素之一。"① 这是事实，不仅仅是马克思时代的历史事实，也仍然是我们这个时代的客观事实。

马克思恩格斯说的就是市场经济中必然存在的一种普遍社会现象：资本从而异化劳动的存在，导致社会分工和社会分层不断固化。我们今天正在搞社会主义市场经济，或多或少地存在着类似问题。因为市场经济不姓"资"也不姓"社"，社会主义市场经济和资本主义市场经济具有许多共同的特征，虽然二者的所有制基础不同，但运行方式却是共同的。加上我们是在不断加大向世界市场开放力度中搞社会主义市场经济。资本主义国家市场经济存在的一些弊病不可避免地会影响我们的发展。

记得前些年，有一个日本民间交响乐团访华。记者发现领队竟然是索尼公司的前高管。记者好奇，就问领队是怎么回事。领队说，他大学读音乐专业时，购买了索尼公司的音响设备。发现了问题后就给索尼公司写了信。索尼老板很欣赏他，在毕业前就和他签订了就业协议，给他有竞争力的薪水。他考虑到家里的情况，觉得挣钱比实现自己的音乐梦更加紧迫，就答应了。这一干就是几十年，从普通员工做起，做到了公司高管。到了60岁，

---

① 中共中央马克思恩格斯列宁斯大林编译局. 马克思恩格斯文集（第 1 卷）[M]. 北京：人民出版社，2009：537.

老板希望他继续为公司效力,他却一口回绝了。因为他觉得自己已经对得起公司的栽培了,现在终于可以从事自己喜欢的事情了——从事音乐事业。他拉起了一个乐队,虽然不可能再成为世界级的音乐家了,但始终没有放弃自己的爱好。只有先符合历史发展阶段的要求,才有自我放飞的空间和条件,虽然自我放飞的高度很难再达到梦想的高度。

3. 是不是我们就只能完全服从市场经济规律,服从现有的社会分工规律呢?

也不是。因为,退一万步说,"受分工制约的不同个人的共同活动产生了一种社会力量,即扩大了的生产力。"① 记得一二十年前就看到过这样的一个报道,说美国一位心理学家访谈了美国社会公认的做出杰出贡献的1000多位人士。提出的一个共同问题是"您做出杰出贡献的领域"是不是您人生最喜欢的选择?结果竟然有61%以上的人回答说:不是。要知道,美国目前仍是资本主义生产力和生活水平顶尖的存在。这个案例再次肯定了我们仍然处于个人的人生选择基本不能自主的历史阶段,也说明事在人为,现有的经济社会发展水平并不能完全把人限制死。在我们这个人生选择基本不能自主的历史阶段,个人依然可能迸发出巨大能量,创造巨大价值,推动历史进步。

既然这样,我们就不必过于纠结,不必多抱怨父母,我们只从今天出发,在同济这样一个不错的发展平台上继续"卷"

---

① 中共中央马克思恩格斯列宁斯大林编译局. 马克思恩格斯文集(第1卷)[M]. 北京:人民出版社,2009:537-538.

下去。虽然心里不是最愿意、最高兴，但说不定人生会有意外惊喜。

当然，我们按照社会主流的趋势做事，要获得自己真正满意的结果，也属于概率中的意外范围，但毕竟存在这样的概率。而且随着生产力的发展，对外开放度不断加大，个人获得满意结果的概率还在不断增大。

革命导师马克思在青年时期曾按照父亲安排去波恩大学和柏林大学读法律专业，但他没有放弃对哲学和历史的爱好，并抓住时代机遇，自选工人阶级解放的历史课题进行研究，成了大哲学家和大经济学家。

空想社会主义者托马斯·莫尔，青年时期对古希腊文献充满好奇，但在任大法官的父亲断供的逼迫下，只能先后读了两个法学院，从事法律事务。但巧得是，他通过接触法律事务而了解到英国资产阶级原始积累时期英国纺织业的"羊吃人"问题，发表了经典著作《乌托邦》，从而成为空想社会主义的创始人。该书的内容曾被马克思《资本论》第一卷多次引用。

出身草根的英国家庭主妇苏珊也没有放弃自己的爱好——歌唱，2009年，48岁的她参加选秀节目《英国达人秀》，用歌声征服了所有观众，一举成名。后来她还击败迈克尔·杰克逊等多位大牌歌手，成为索尼唱片史上销量最高的国际艺人。

始终保持心中有爱好、有好奇，一旦条件出现，其实现就会提速。人生有无限可能，可能今天最难以想象的、最难以实现的，却因为一些偶然因素的触发而突然展现出无限前景，让你感到生逢其时。所以与其抱怨,不如先接受,沿着通常的道路走下去,同时保持心中向往的微光,说不定你就会出现命运的翻转。今天的"生不逢时",可能就是明天"生逢其时"的条件,这也是一种另外意义上的"置之死地而后生"。

4. 为"个人完全自主选择的时代到来"添砖加瓦,赋能加油!

马克思说,"在迫使个人奴隶般地服从分工的情形已经消失,从而脑力劳动和体力劳动的对立也随之消失之后;在劳动已经不仅仅是谋生的手段,而且本身成了生活的第一需要"的共产主义社会的"更高"阶段[1],人们才能完全实现真正的个人自由选择。所谓"我的事我做主":"任何人都没有特殊的活动范围,而是都可以在任何部门内发展,社会调节着整个生产,因而使我有可能随自己的兴趣今天干这事,明天干那事,上午打猎,下午捕鱼,傍晚从事畜牧,晚饭后从事批判,这样就不会使我老是一个猎人、渔夫、牧人或批判者。"[2]

我们今天的一切努力,我们今天在"不能完全自主选择的市场经济时代"所做的一切努力,都是在发展生产力、推动科技革命、扩大着对外开放,为共产主义更高级阶段到来创造物质技术条件。一句话,就是为个人完全自主选择的时代到来添砖加瓦、赋能加油。俗话说,前人栽树,后人乘凉。如果我们能成为这样

---

[1] 中共中央马克思恩格斯列宁斯大林编译局. 马克思恩格斯文集(第3卷)[M]. 北京:人民出版社,2009:435.

[2] 中共中央马克思恩格斯列宁斯大林编译局. 马克思恩格斯文集(第1卷)[M]. 北京:人民出版社,2009:537.

的前人，不是一件很值得自豪的事情吗？

　　最后，再次感谢你的信任，写信给猫头鹰信箱分享你的故事。记住，无论未来的路有多么曲折，你都有权利去追求那朵属于你的花。希望你能找到自己的幸福，活出真实的自己。如果你感到困惑或需要更多的帮助，"猫头鹰"的家门始终为你敞开。

李博
2024 年 4 月 20 日

后记：青春是充满希望的诗篇

青春是充满希望的诗篇，也是最难翻译的篇章。在这个急速变迁的时代，每一代青年人都面对着属于他们的独特挑战与困惑。不同的时代背景赋予了不同的时代命题，然而无论何时，青年们的热血与思考总是如江河般奔腾不息。他们心中怀抱着对未来的渴望，也背负着内心的焦虑与困顿。而每一个时代的青年，都需要被倾听、被理解、被关爱。这本《书信里的青年——大学生与"猫头鹰老师"的书信对谈》，便是在这种背景下诞生的。它是我们这一时代青年思想的横截面，记录着他们在成长道路上的思考与探索，也是青年面对世界时心灵的回响。

本书以书信对谈的形式，呈现了大学生与"猫头鹰老师"之间的思想交流。当然，这本书并不是一本答案集。我没有权威的答案，我只有诚挚的关心和真诚的建议。对于每一个写信的年轻人来说，他们在书信中或表达困惑，或展现追求，或试图寻求安慰，或希冀能得到力量。而在这些文字背后，不仅仅是个体的心声，更折射出一个时代的青年群体在成长中的思索与蜕变。每封信都是一扇通向自我内心的窗口，也是连接外部世界的桥梁。这些对话既是对现状的回应，也是对未来的思考与展望。未曾反思的生活不值得过，我们所收录的每一封信，正是青年们反思自我与社会的真实写照。而这些反思，或许在不同时代、不同背景下都会以不同的形式出现，但不变的是青年一代对世界的关心、对自我的探寻，以及他们渴望在这个世界中找到自己的位置。

心理学家埃里克·弗洛姆曾提到:"爱是一种积极的力量,它促使我们超越自我,成为完整的个体。"一个被充分关爱的个体,拥有更强的心理韧性与勇气去面对生命中的挑战。这一点在书信往来中表现得尤为明显。许多写信的学生,初始时怀有焦虑与迷茫,但在通过文字的交流与对话后,他们的内心获得了某种力量,这种力量来自于被倾听、被接纳、被鼓励。这也让我更加确信,教育不仅是传授知识,更是给予关爱,帮助学生找到内心的平衡与力量。

在这个纷繁复杂的世界里,我们每个人都在不断学习与成长。而这本书,或许能够成为青年们思想成长的一个印记,也许会在未来某个时刻作为历史的见证,成为当代青年的精神遗产。我希望,这本书不仅仅是对当下问题的回应,更是对未来世界的一种期许。愿每一个翻开这本书的读者,能够在其中找到自己的一份力量与勇气,勇敢地走向未来,成为那个时代的弄潮儿。

在本书即将出版之际,我心中充满了感激之情。首先,要感谢每一位参与书信对谈的学生,你们勇敢地书写下自己内心的真实想法,这种坦诚是无比珍贵的;感谢"猫头鹰公子"微信公众号所有的读者朋友,正是你们的支持与关注,才使得这本书得以成形。我要特别感谢我的家人,你们给予了我无尽的爱与鼓励,让我能有勇气与动力完成这本书的出版;感谢在这个过程中给予我指导的师友,正是你们的智慧与见解,让这本书有了更深的思想厚度。

衷心感谢每一位在本书出版过程中给予帮助的人。愿这本书，带着我们的诚意与关怀，伴随每一个阅读它的心灵前行。祝福你们，愿你们的未来如星辰般明亮！

李博
2025 年 1 月

图书在版编目（CIP）数据

书信里的青年：大学生与"猫头鹰老师"的书信对谈 / 李博著. -- 上海：同济大学出版社，2025.5.
ISBN 978-7-5765-1687-6

Ⅰ.G444

中国国家版本馆 CIP 数据核字第 2025GM1711 号

书信里的青年——大学生与"猫头鹰老师"的书信对谈
李 博 著

特约编辑	韩 淼				
责任编辑	朱涧超	责任校对	徐逢乔	封面设计	韩 淼

出版发行	同济大学出版社　www.tongjipress.com.cn
	（地址：上海市四平路1239号　邮编：200092　电话：021-65985622）
经　　销	全国各地新华书店、网络书店
排　　版	北京华艺世纪缘科技发展有限公司
印　　刷	江阴市机关印刷服务有限公司
开　　本	889mm×1194mm　1/32
印　　张	11.125
字　　数	229 000
版　　次	2025年5月第1版
印　　次	2025年11月第2次印刷
书　　号	ISBN 978-7-5765-1687-6
定　　价	75.00 元

本书若有印装质量问题，请向本社发行部调换　　　版权所有　侵权必究